Werner Johannes Neuner

DER MATRIXCODE UND DIE BEWUSSTSEINSFORMELN

ANTASIRA

Lektorat:
Gertraud Breinbauer

Verlag:

LIMARUTTI VERLAG
Schröttergasse 8, 8010 Graz
www.limarutti-verlag.at
office@limarutti-verlag.at

Tel.: 0043 (0)316 318996

ISBN-13: 978-3902280312

Inhaltsverzeichnis

VORWORT

Wir betrachten den Menschen als großartige kreative Wesenheit. Er ist jederzeit sowohl ein Individuum, als auch Teil von Kollektiven. Und in beiden Seinsformen erschafft er die Wirklichkeit, in der er lebt.

Es ist inzwischen allgemein bekannt, dass unsere Gedanken und Visionen die Welt, die uns umgibt, direkt beeinflussen. Wir sind aber darüber hinaus zu der Überzeugung gelangt, dass wir – jeder einzelne von uns, als auch all jene Kollektive, denen wir angehören – diese Welt *erschaffen* haben, das Erschaffene ständig *erhalten*, und gleichzeitig ununterbrochen *kreativ verändern*.

Dieser gedankliche Ansatz hat natürlich weit reichende Konsequenzen. Zum einen ist dadurch klar, dass wir keineswegs „Opfer von widrigen Umständen" sind, sondern dass wir (sowohl als Individuum, als auch als globales menschliches Kollektiv) diese Umstände selbst erschaffen haben.

Zum anderen heißt das aber auch, dass wir widrige Umstände genauso gut auch wieder verändern können, indem wir unser kreatives schöpferisches Potential nutzen. Denn wenn wir etwas „schlecht" machen können, dann können wir das genauso auch „gut" machen.

Der Mensch ist eine kreative schöpferische Wesenheit.

Jenes kollektive Bewusstsein, dem der Mensch angehört, hat die Welt erschaffen.
Wir erhalten diese Erschaffung kraft unserer Vorstellungen.
Und gleichzeitig ändern wir diese Erschaffung jeden Augenblick.

Wir haben dieses Buch geschrieben, um einfache und praktische Möglichkeiten aufzuzeigen, wie jeder Mensch sein persönliches Leben und auch kollektive Systeme – wie Partnerschaften, Familienstrukturen und Arbeitsgemeinschaften – bewusst und kreativ gestalten und verändern kann. Wir geben den Lesern Werkzeuge in die Hand, mit denen sie „ungünstige" Lebensumstände in lebenswerte und freudvolle verwandeln können. Wir nennen jene Kräfte, welche die Lebensumstände erzeugen, *die Matrix*.

Die „Matrix" ist jene Kraft, welche die Wirklichkeit und die so genannten „Lebensumstände" erzeugt.

Mit den Werkzeugen, die wir in diesem Buch darstellen, können wir diese Matrix bewusst und kreativ gestalten.

Die Methoden, die wir hier darstellen, beinhalten 20 Symbolbilder, die aber auch als *Bewegungsmuster* verstanden werden können. Durch die Bewegung entsteht ein „Wirkfeld", welches die Wirklichkeit beeinflusst und verändert.

Diese Symbolbilder haben wir intuitiv erkannt und deren Wirkungsweise schrittweise begriffen. All jene Kräfte, welche durch die Symbolbilder ausgedrückt werden, stammen aus dem großen Feld des kollektiven menschlichen Bewusstseins, wurden von uns „entdeckt" und kreativ in eine konkrete Form gebracht. Dadurch haben sie eine allgemeine Gültigkeit und können bei jedem Menschen, unabhängig von seiner Herkunft und Denkweise, hilfreiche und förderliche Wirkungen erzielen.

Neben den einzelnen Symbolbildern zeigen wir aber auch Kombinationen dieser Symbole, die wir *Codes* oder *Codons* nennen.

Diese Kombinationen ergeben sich weniger aus einem intuitiven Erfassen, sondern vielmehr aus erstaunlichen mathematischen Strukturmäßigkeiten. Das Erkennen dieser Strukturen erlebten wir wie das Entsiegeln eines bislang verschlossenen Wissens, welches uns unendliche Möglichkeiten eröffnet. Es gibt viele Mythen und Geschichten, die von solch geheimem Wissen erzählen, wie z. B. die Geschichten über den „Gral" oder über die „Bundeslade". Wir sind überzeugt davon, dass wir solch ein Wissen nun erkannt haben. Der Unterschied zu jenen Mythen besteht aber darin, dass wir dieses Wissen – inklusive der dahinter liegenden mathematischen Strukturen – gänzlich offen darlegen und jedem öffentlich zugänglich machen. Wir sind überzeugt davon, dass dieses Wissen daher einzig im Sinne der Entwicklung und zum Wohle sowohl des Einzelnen, als auch der jeweiligen Kollektive, denen der Einzelne angehört, genutzt werden kann.

Wir widmen dieses Buch und dieses Wissen dem kreativen Potential, das jeder Mensch in sich trägt.

Werner Johannes Neuner, im August 2004

WIRKLICHKEITEN

DIE MATRIX, DER LEBENSPLAN
UND DAS KOLLEKTIVE BEWUSSTSEIN

MODELLE

Wenn wir von „der Wirklichkeit" sprechen, so meinen wir damit die Gesamtheit all jener Kräfte, die auf uns einwirken, unser Leben beeinflussen und gestalten. Der Mensch war immer danach bestrebt, diese Wirklichkeit zu begreifen und ihre Gesetzmäßigkeiten zu verstehen, um sie verändern und verbessern zu können. Er begann daher, die Wirklichkeit zu beschreiben. Daraus entstanden Glaubensmuster und Überzeugungen, Religionen und wissenschaftliche Disziplinen. Religion und Wissenschaft haben denselben Ausgangspunkt: Sie wollen Phänomene beschreiben und erklären, was wirklich ist – was auf uns einwirkt.

Auf dem Weg, die Wirklichkeit zu begreifen, suchte der Mensch nach Orientierungshilfen für sein Leben. Daraus wurde aber eine Suche nach der „absoluten Wahrheit", die uns sagt, was richtig und was falsch sei. Diese geht dabei strikt davon aus, dass nur das eine richtig sei und das andere damit zwangsweise falsch. Diese „Wahrheit" wurde in allen großen Religionen, sowie in allen „Staatsreligionen", wie Nationalismus, Faschismus und Kommunismus, genauestens definiert. Jede dieser Religionen ist darauf aus, eine möglichst große Anzahl von Anhängern zu rekrutieren, um ihnen die Religionsinhalte als strikte Überzeugungen einzuprägen.

Überzeugungen dienen als Orientierungshilfen.
Werden sie aber zu strikten Prinzipien und „alleingültigen Wahrheiten", so bilden sie einen Nährboden für Auseinandersetzungen und Kriege.

Das Wesen des Menschen zeigt in diesem Zusammenhang eigenartige Züge: Er sucht sich Überzeugungen und hält an ihnen fest. Wenn ihm allerdings ein anderer Mensch mit einer gegenteiligen Überzeugung begegnet, so beginnt er die eigenen Glaubenssätze derart vehement zu verteidigen, als ginge es um sein Leben.

Alle Kriege funktionieren nach demselben Schema: Dem Volk wird erklärt, dass die einzig gültige Wahrheit, die als richtig erklärten Überzeugungen und „Werte", in Gefahr seien. Der böse Feind bedrohe diese, da er gegenteilige und daher natürlich die „falschen" Überzeugungen habe.

Ist es nicht sonderbar, dass der Mensch dabei völlig vergisst, dass er **jede** Überzeugung selbst erschaffen hat! Jeder Prophet und Religionsgründer war ein Mensch, der nur deswegen bekannt wurde, weil eine größere Anzahl von Menschen seine Ansichten übernommen und weiter getragen haben.

Wenn der Mensch einen globalen Frieden auf dieser Welt erreichen will, so wird dies nur dann funktionieren, wenn er das Wesen seiner Glaubensmuster und Überzeugungen begreift und diese im Grunde friedvoller gestaltet.

Es geht nicht darum, keine Überzeugungen zu haben, sondern darum, **offene Überzeugungen** zu erschaffen. Ein Mensch mit offenen Überzeugungen und Glaubenssätzen weiß, dass er die Wirklichkeit nicht kennt.

Ein globaler Weltfriede kann nur durch die Umgestaltung und Öffnung unserer Überzeugungen erreicht werden.

Offene Überzeugungen geben Raum, sodass jeder *sein* kann.

Er kann sie nur abbilden, sich ein Bild davon machen. Dadurch bleibt er anderen Glaubenssätzen gegenüber offen und lehnt sie nicht ab. Er lässt sie gleichermaßen gelten, unabhängig davon, ob diese für ihn selbst Gültigkeit haben oder nicht.

Bislang wurde die Wirklichkeit als etwas Absolutes und Vorgegebenes angesehen. Demnach gäbe es eine „absolute Wahrheit" über diese Wirklichkeit, eine alleingültige einzig richtige Beschreibung für die Wirklichkeit. Diese Ansicht war allerdings für die Entwicklung des Menschen gänzlich kontraproduktiv, da sie die Grundlage für Kriege und Auseinandersetzungen gebildet hat.

Die Wirklichkeit ist wandelbar. Sie verändert sich in jedem Moment.
Wir selbst haben sie erschaffen.
Wir selbst können sie jederzeit wieder verändern.

Daher ist es wohl sinnvoll, andere Ansichten zu wählen:
Die Wirklichkeit ist jederzeit **wandelbar**. Sie verändert sich in jedem Moment.
Die Wirklichkeit ist keine vorgegebene unabhängige Größe, sondern wurde **von uns selbst** als Schöpfer oder Mitschöpfer **geschaffen**.
Die Wirklichkeit kann **jederzeit von uns selbst** – als Individuum und im Kollektiv – **verändert werden**.

Denn wenn wir diese Ansichten in uns integriert haben, macht es keinen Sinn mehr, über die Wirklichkeit zu streiten. Es eröffnet uns vielmehr die Möglichkeit, die Wirklichkeit bewusst zu verändern und zu ver-

bessern – miteinander und zum Wohle von allen!
Wir laden alle dazu ein, diese Vorstellung von der Wirklichkeit in sich aufzunehmen!

Wenn wir in diesem Buch die Hintergründe beschreiben, aus denen sich die Methoden zur kreativen Veränderung der Matrix entwickelt haben, dann wissen wir, dass wir dadurch **Modelle** erschaffen. Wenn wir z. B. sagen, wie „die Matrix" funktioniert und wirkt, oder wie das morphogenetische Feld gestaltet ist, so handelt es sich dabei um Modelle.

Ein Modell ist nicht die Wirklichkeit selbst, sondern eine bildhafte Beschreibung dieser Wirklichkeit. Modelle ergeben sich aus der Beobachtung und Untersuchung von Phänomenen – sowohl auf wissenschaftlicher, als auch auf spiritueller Ebene. Modelle werden kreiert, um Ereignisse vorherzusagen, zu begreifen und um Abläufe zu verändern. Wenn uns z. B. ein gutes Modell zeigt, wie dramatische Ereignisse aus der Vergangenheit ungünstig auf uns einwirken, so können wir Methoden finden, um diese Wirkungen zu entkräften und die Vergangenheit zu bewältigen. Wir bleiben uns aber stets bewusst, dass wir selbst die Schöpfer dieser Modelle sind. Dadurch bleiben unsere Überzeugungen offen gegenüber jenen Erkenntnissen, die andere Menschen ziehen.

Ein Modell beschreibt die Wirklichkeit und *verändert* sie!

Wenn wir von einem Modell überzeugt sind, so wird dieses für uns zur Wirklichkeit.

Ein Modell beschreibt nicht nur die Wirklichkeit, sondern **verändert** diese gleichzeitig. Das heißt, dass wir allein schon dadurch, dass wir von einem Modell überzeugt sind, Wirklichkeit erschaffen. Wenn z. B. ein Mensch aufgrund eines Modells der Überzeugung ist, dass er z. B. Angriffen ausgesetzt ist, so wird er Angriffe erleben.

Genauso wird ein Mensch, der sich in einer schwierigen Situation befindet, aber aufgrund eines anderen Modells davon überzeugt ist, dass es einen Ausweg gibt, einen solchen auch finden.

Besonders in der Quantenphysik tritt diese Wechselwirkung zwischen Modell und Wirklichkeit immer wieder auf. Experimente liefern häufig jene Ergebnisse, an die der Forscher glaubt! Man ist daher dazu übergegangen, die Versuche von Menschen ausführen zu lassen, die inhaltlich mit der Materie nicht vertraut sind, während die Wissenschaftler sich nicht in der Nähe befinden.

Wir können jene Modelle, die wir zur Orientierung innerhalb unserer Welt nutzen, selbst und bewusst wählen. Die Auswahl dieser Modelle wird nicht nur unsere Wirklichkeit beschreiben, sondern auch Wirklichkeiten *erschaffen*!

Wenn wir nun das wissen, dürfte uns klar werden, dass wir jene Modelle, die wir in uns integrieren, selbst wählen können und bewusst aussuchen sollten. Es macht wenig Sinn, daran zu glauben, dass es uns schlecht geht, wenn wir daran glauben können, dass es uns bestens geht. Es macht genauso gut wenig Sinn, an Systeme zu glauben, die uns gerade jene Dinge verbieten, die unser Leben erfüllen und glücklich machen.

Wir sollten unsere Glaubensmodelle einmal kritisch betrachten!

Wir beschreiben in diesem Buch einige Methoden, die den Menschen in seinem Leben hilfreich unterstützen können. Wir sind der Überzeugung, dass diese Methoden funktionieren, da wir dies bereits wiederholt erlebt haben. Wir wissen auch, dass diese Methoden genauso bei anderen Menschen die beschriebenen Wirkungen erzielen, da wir auch das erlebt haben. Funktioniert es nun, weil wir davon überzeugt sind, oder weil die Methode so gut ist? Beides ist richtig!

Wir haben diese Methoden allgemeingültig entwickelt, sodass sie für jeden Menschen anwendbar sind. Wir stützen uns dabei auch auf mathematische Strukturmäßigkeiten, die wir erkannt und untersucht haben. Die einzige Voraussetzung für das Funktionieren der Methoden besteht darin, dass der Mensch tatsächlich etwas verändern will und dass er es sich selbst gestattet, dass eine Wirkung stattfindet.

Wir sollten dabei auch begreifen, dass es nicht darum geht, die anderen zu verändern, damit sich unsere Lebensumstände verbessern, sondern darum, uns selbst zu wandeln.

DIE MATRIX UND DAS MORPHOGENETISCHE FELD

Um die Wirklichkeit und die Realität zu begreifen und um deren Gesetzmäßigkeiten zu erkennen, verwenden wir das Bild (das Modell) der *Matrix* und des *morphogenetischen Feldes.*

Unter der Realität verstehen wir all das, was eine dreidimensionale Form hat, angreifbar und sichtbar ist, sowie jene Kräfte, die auf diese Realität physikalisch einwirken, wie die Gravitation oder die elektromagnetischen Kräfte. Diese Realität ist ein Teil der Wirklichkeit. Die Wirklichkeit ist mehr als die Realität, sie umfasst auch all jene geistigen und mentalen Kräfte, die Auswirkungen haben, wie z. B. die Kraft unserer Gedanken und Visionen. Das ist unsere Definition der Begriffe „Realität" und „Wirklichkeit". Diese Definition ist klarerweise weder wahr noch falsch, sondern eine Zuordnung von Bedeutungen, damit verständlich wird, was wir in diesem Buch darstellen.

Jeder „feste" Körper besteht aus einer Vielzahl von Atomen, die keineswegs fest, sondern vielmehr energetische Zustände sind. Die feste Realität ist daher offenbar eine Illusion.

Wir meinen zumeist, dass alles, was angreifbar ist, fest sei, da unsere Sinne uns diesen Eindruck vermitteln. Wenn wir aber die zugrunde liegende Bausteine, die Atome, genauer untersuchen, erkennen wir, dass der Eindruck von Festigkeit eine Illusion ist. Die Atome präsentieren sich uns vielmehr als energetische Zustände, als reine Energieformen.

Daher gehen wir in unserem Bild davon aus, dass allem, was existiert, Energien zugrunde liegen, die sich verwirklicht haben und zu Form geworden sind.

So ist jede Zelle des menschlichen Körpers Energie, die sich in Form der Körperzelle ausdrückt. Genauso besteht ein Stein aus einer Ansammlung von energetischen Zuständen, die in der Form des Steines sichtbar erscheint.

Die zugrunde liegende Energie, welche den menschlichen Körper oder die Form des Steines erzeugt, ist grundsätzlich dieselbe.

Damit eine Energie als konkrete Form erscheinen kann, benötigt sie nach unserem Modell ein „Feld", einen metaphysischen „Ort", an dem sie sich verwirklichen kann. Dieses Feld nennen wir das *morphogenetische Feld*, das Form erschaffende Feld. Der Wortteil „morpho" steht dabei für die Form, „genetisch" für das Erschaffen.

Die *Kraft der Zeit* bestimmt, wann aus dem morphogenetischen Feld sich ein Ereignis oder eine Form realisiert. Damit z. B. der Stein entstehen kann, bedarf es einer Zeit des Entstehens und des Wachstums. Genauso tritt ein bestimmtes Ereignis erst zu einem bestimmten Zeitpunkt aus dem morphogenetischen Feld heraus und in die Realität ein.

Das morphogenetische Feld verstehen wir in diesem Zusammenhang auch als ein Feld, das alle möglichen Ereignisse beinhaltet.

Das *Bewusstsein* kreiert die Idee.

Die Idee erschafft eine *Matrix*, welche die Idee in das morphogenetische Feld überträgt.

Die Kraft der *Zeit* nimmt aus dem morphogenetischen Feld diese projizierten Ideen auf und erschafft daraus konkrete Ereignisse und konkrete Formen.

Aber nur einige davon werden jemals zu einer Realität.

Wie aber gelangen die Energien, die sich realisieren, in das morphogenetische Feld hinein?

„Im Anfang war das Wort" beschreibt in etwa das, was wir meinen. Wir gehen davon aus, dass am Beginn von allem die Idee („das Wort", der „Logos", wie es im griechischen Urtext heißt) steht. Diese Idee wird vom *Bewusstsein* geboren, ist eine kreative Schöpfung des Bewusstseins. Wir meinen damit einerseits unser individuelles Bewusstsein, als auch das Bewusstsein jener Kollektive, denen wir angehören (wie z. B. das Kollektiv Menschheit).

Im Anfang war das Wort (die Idee) und das Wort war bei Gott und unser Bewusstsein selbst ist dieser Gott!

Bevor ein Haus entstehen kann, bedarf es einer Vielzahl von Ideen in Form von Plänen. Genauso bedarf es – so meinen wir - einer Vielzahl von Ideen, bis ein menschlicher Körper, der wesentlich komplexer ist als ein Haus, entstehen kann.

Jede Idee, die im Bewusstsein erschaffen wird, erzeugt eine *Matrix*, eine metaphysische Darstellung dieser Idee. Je komplexer die Idee ist, desto komplexer wird auch die daraus entstandene Matrix sein. Diese Matrix überträgt nun die freien Energien, die Grundlagen von allem, was existiert, in bestimmten Mustern und Formen in das morphogenetische Feld. Die Matrix hat also die Fähigkeit, Energien in Frequenz- und Schwingungsmuster zu versetzen und diese in das morphogenetische Feld zu überspielen.

Wir können die Matrix mit dem Plan eines Hauses oder mit einem Programm, das in einem Computer abläuft, vergleichen.

Je besser die Matrix programmiert ist, umso besser wird auch all das sein, was sich daraus ergibt. Dieses Buch widmet sich vor allem der Matrix und ihrer bewussten Veränderung und Verbesserung. Wir sind davon überzeugt, dass wir diese Matrix sinnvoll verändern können, da wir selbst Schöpfer und Mitschöpfer dieser Matrix sind. Alle Methoden, die wir hier beschreiben, ändern die Programme innerhalb der Matrix überall dort, wo es nötig ist, um bessere Lebensumstände zu erschaffen.

Die *Matrix* ist ein Sinnbild für jene Kraft, welche die Wirklichkeit (z. B. unsere persönlichen Lebensumstände) erschafft.

Dieses Buch widmet sich der bewussten *Veränderung und Verbesserung der Matrix*.

Unser Modell geht davon aus, dass ursprünglich alles als Idee von unserem *Bewusstsein* erschaffen wird. In unserem Buch „Die Matrix des Bewusstseins" (ISBN 3-902280-30-1) haben wir Methoden beschrieben, mit denen wir sehr effizient die Kreationen unseres Bewusstseins optimieren können.

Jede Idee erzeugt eine *Matrix*, welche der Idee entsprechende Energie- und Frequenzmuster in das *morphogenetische Feld* überträgt. Daraus entwickelt sich dann die konkrete Gestalt oder das konkrete Ereignis durch die *Kraft der Zeit*.

Das heißt also, dass es eine Matrix gibt, die unsere persönlichen Lebensumstände erzeugt. Diese wiederum ist Teil einer viel größeren Matrix, welche die globalen Bedingungen auf unserer Erde erschafft.

Wir sind nicht Opfer der Matrix, sondern Erschaffer der Matrix. Wir erschaffen sie sowohl als Individuum, als auch als Kollektiv. Daher können wir sie auch abändern, wann immer wir es wollen.

DIE PROGRAMME DER MATRIX

Stellen wir uns die Matrix als ziemlich komplexe Programmsysteme vor, welche das Potential in sich tragen, all jene Ideen, die aus dem Bewusstsein geboren wurden, zu verwirklichen.

Wer hat nun beispielsweise das Programm jener Matrix geschrieben, das die Lebensbedingungen des Planeten Erde und alle dazugehörigen Gesetzmäßigkeiten erschaffen hat? Bereits die Matrix eines Sees, eines Berges oder eines Waldes ist von einer gigantischen Komplexität. Wie gigantisch muss dann erst die Matrix des gesamten Planeten sein? Und dennoch sind wir davon überzeugt, dass *wir selbst* es waren, die diese Matrix erdacht und miterschaffen haben!

Wir gehen in unseren Vorstellungsmodellen davon aus, dass Bewusstsein immer gleichzeitig *individuell und kollektiv* ist. Das bedeutet, dass jeder von uns zwar ein persönliches Bewusstsein hat, dass dieses aber ein untrennbarer Bestandteil eines größeren kollektiven Bewusstseins ist. Unser persönliches Bewusstsein ist einverwoben in das große kollektive Bewusstsein der gesamten Menschheit, dem sowohl alle zurzeit lebenden Menschen angehören, als auch jene, die sich im Moment in keiner körperlichen Existenz befinden.

Wenn wir Teil des Ganzen sind, so bedeutet das aber auch, dass jeder Mensch jederzeit zum gesamtmenschlichen Bewusstsein Zugang hat. Dieser Ansatz erklärt z. B., warum immer wieder bestimmte Erfindungen in der Menschheitsgeschichte unabhängig voneinander gleichzeitig an verschiedenen Orten gemacht wurden. Auch das Phänomen der Telepathie lässt sich dadurch erklären. Genauso erleben wir immer wieder, dass es gewisse Trends gibt, die zum selben Zeitpunkt viele Menschen unabhängig voneinander gedanklich und emotional bewegen.

Es ist uns durchaus bewusst, dass wir im alltäglichen Leben die Verbindung zum gesamtmenschlichen Kollektiv kaum spüren. Das liegt einerseits daran, dass wir uns ziemlich stark verdichtet und in unserer Ausrichtung individualisiert haben, andrerseits aber auch daran, dass wir die Überzeugung, Teil eines Kollektivs zu sein, kaum in uns integriert haben. Wenn wir allerdings diese Überzeugung in uns aufnehmen, kann sich unsere Wahrnehmung um ein Vielfaches erweitern.

Dieses nun doch beachtliche Bewusstsein des menschlichen Kollektivs ist natürlich zu

Das individuelle Bewusstsein eines Menschen ist untrennbar verwoben mit dem kollektiven Bewusstsein der gesamten Menschheit.

Das ist der Schlüssel für die Beziehung von *Mensch zu Mensch*.

wesentlich komplexeren Kreationen fähig, als das eines einzelnen Individuums. Wir betrachten dieses Kollektiv als wesentlichen Mitschöpfer jener Matrix, welche die Wirklichkeiten und Realitäten des Planeten Erde erschaffen hat.

Das menschliche Kollektiv ist ein *einheitliches* Bewusstsein von gigantischem Ausmaß.

Richtet sich dieses Bewusstsein konzentriert in dieselbe Richtung aus, ist es zu allen Veränderungen der Matrix fähig.

Wenn wir die Wirklichkeit eines kollektiven Bewusstseins akzeptieren, so kann uns auch klar werden, wozu solch ein mächtiges Kollektiv in der Lage wäre, wenn es sich auf konkrete Verbesserungen der Lebensumstände konzentriert. Wenn sich eine große Anzahl von Menschen gleichzeitig auf ein Ziel hin ausrichtet, so entsteht dadurch eine Kraft von gigantischem Ausmaß. Das ist die Grundlage für jede Friedensmeditation, die zu einem vereinbarten Zeitpunkt weltweit von vielen Menschen durchgeführt wird.

Ist die Anzahl und die Konzentriertheit der Menschen, die sich gemeinsam auf etwas ausrichten, hinreichend groß, so wird die „kritische Masse" überschritten und das Programm der Matrix wird konkret verändert. Richtet sich beispielsweise eine ausreichend große Zahl von Menschen konkret auf den Weltfrieden aus (der in uns selbst und in unserem unmittelbaren Umfeld beginnt), so werden in der Matrix der Welt etliche Programme gelöscht, die Unfrieden erzeugen.

Wenn wir nun die Struktur der Matrix erforschen, so erkennen wir, dass vor allem die Überzeugungen und Glaubensmuster hochwirksame Programme sind.

Betrachten wir den Verlauf der Geschichte: Wir sehen eine Fülle von Überzeugungen – wie religiösen Fanatismus, Faschismus, jede Art von Nationalismus, Kommunismus – die blanker Irrsinn waren und dennoch ganze Völker in ihren Bann gezogen haben. Eine Überzeugung muss also nicht besonders sinnvoll sein, um von vielen Menschen übernommen zu werden. Solch verrückte Überzeugungen haben Wirklichkeiten in Form von Kriegen und Grausamkeiten erschaffen.

Was der Mensch aber im negativen Sinn kann, dazu ist er auch im positiven Sinn durchaus fähig!

Wenn wir also wissen, dass Überzeugungen wesentliche Programme der Matrix sind, so können wir gänzlich frei entscheiden, welche Überzeugungen wir behalten, und welche wir aus ihrer Wirksamkeit entbinden wollen. Wir haben in diesem Buch den Code *1, Löschung von Programmen* und das Codon *10, Korrektur kollektiver Programme* beschrieben, mit denen wir einfach und effektiv unsinnige Überzeugungen in uns auflösen können.

Wir können Überzeugungen neutralisieren und wir haben jederzeit die Freiheit, uns gänzlich neue Überzeugungen, die für uns hilfreich und förderlich sind, zu erschaffen und in uns zu integrieren. Sämtliche Codes und Codons, die wir in diesem Buch beschreiben, sind Methoden, um ungünstige Programme zu löschen und neue, hilfreiche

Durch die Codes und Codons können wir die Matrix bewusst gestalten. Wir erschaffen damit eine freie und lebenswerte Wirklichkeit.

25

zu erschaffen. Wir haben damit effektive Werkzeuge in der Hand, um bewusst und sinnvoll die Matrix zu gestalten. Wir erschaffen damit eine freie, friedvolle, liebevolle und lebenswerte Wirklichkeit.

Wir haben die Struktur der Matrix untersucht und sie mehr und mehr begriffen. Wir können diese einerseits anhand jener Matrixbilder darstellen, die wir in unserem Buch „Die Matrix des Bewusstseins" beschrieben haben, andererseits aber auch durch 20 Basisparameter – durch die 20 *Zeitsiegel* - denen wir dieses Buch widmen. Beide Darstellungsmethoden sind durch klare mathematische Algorithmen miteinander verbunden.

Wenn wir uns ein komplexes Programm vorstellen, so baut sich dieses auf grundlegenden Parametern auf. Die Programme unserer Computer haben lediglich zwei Parameter, nämlich 0 und 1. Daraus wird alles über den so genannten ASCII-Code dargestellt. Jeder Buchstabe, jedes Zeichen besteht aus einer Abfolge von Nullen und Einsen.

20 Aminosäuren sind die Grundbausteine des organischen Lebens.

Die 20 *Zeitsiegel* sind die Grundparameter der Matrix. Sie eröffnen uns den Zugang zur Matrix.

Die Frage, wie viele Grundparameter die Matrix der Welt haben könnte, hat uns die Natur selbst beantwortet. Die Grundbausteine allen organischen Lebens sind die Aminosäuren. Und es gibt genau 20 Aminosäuren. Daher war uns bald klar, dass wir die große Matrix, welche das Leben und die Wirklichkeit dieser Welt erschafft, ausgezeichnet über 20 Basisparameter darstellen können. Wir nennen diese Parameter die 20 *Zeitsiegel*, denn sie sind wie Siegel, die uns einen Zugang zur Matrix eröffnen. Weiters sind sie ausgezeichnete Darstellungen für die Kraft der Zeit; sie beschreiben Zeitqualitäten und Zeitzyklen, was wir am Ende dieses Buches beschreiben werden. Wir haben die 20 Zeitsiegel in Form von Symbolen dargestellt. Diese Symbole können alle durch eine einzige durchgehende Linie gezeichnet werden, man muss dazwischen nirgends absetzen. Dadurch entsteht ein durchgehendes *Bewegungsmuster*, welches eine Wirkung erzeugt.

Die Bewegungsmuster sind der Schlüssel zur praktischen Anwendung der Zeitsiegel. Die Codes (bestehend aus 2 Zeitsiegeln) und die Codons (bestehend aus 3 Zeitsiegeln) entfalten dadurch ihre Wirkung, dass sie z. B. mit der Hand in die Luft gezeichnet werden. Somit entsteht ein Schwingungsmuster, das direkt auf die Matrix wirkt und diese verändert. Wir erleben die Wirkung als sehr klar und nachhaltig.

Codes und Codons sind Kombinationen von mehreren Zeitsiegeln. Zeichnet man sie in den Raum, so erzeugen sie Bewegungsmuster, welche die Matrix verändern.

Die Matrix hat die Eigenschaft, sich selbst zu erhalten. Auch wenn unsinnige Programme in ihr enthalten sind, haben diese eine gewisse Stabilität. Deshalb erscheint uns die Matrix manchmal als träge, wenn wir sie verändern wollen. Der Grund dafür liegt eigentlich nicht in der Matrix, sondern in uns selbst! Denn gewisse Überzeugungen sind in uns so weit integriert, dass wir sie unbe-

Durch die Wiederholungen der Codes und Codons kann die Trägheit der Matrix überwunden werden.
Dadurch entstehen nachhaltig gänzlich neue Wirklichkeiten.

dingt aufrechterhalten wollen. Wenn wir unsere Überzeugungen gefährdet sehen, kämpfen wir für sie, als ginge es um unser Leben.

Wenn wir z. B. beschließen, dass wir in voller Freude und Sinnlichkeit unser Leben genießen, so kann es sein, dass sich in uns ein Widerstand regt. Denn wir haben gelernt, dass „das Leben kein Honiglecken sei". Durch unsere eigene innere Unsicherheit diesbezüglich werden wir dann im Außen Widerstände erfahren. Es werden unsere Mitmenschen uns sagen, dass wir doch eher an das Elend der Welt denken sollten, anstatt fröhlich und sinnlich glücklich zu sein. Und somit könnten wir die Überzeugung, dass das Leben kein Honiglecken sei, aufrechterhalten und dieses Programm in der Matrix stabilisieren (die Trägheit der Matrix hätte gesiegt).

Wir können aber auch – jederzeit! – die Trägheit der Matrix bezwingen und die Neuprogrammierung der Matrix konsequent vollbringen. Es bedarf dazu nur einer zeitweisen Wiederholung mancher Übungen. Wir beschreiben in diesem Buch mit den Codes und Codons einfache Methoden, die innerhalb kürzester Zeit durchgeführt werden können. Wenn wir diese Übung mehrere Tage hintereinander bewusst und spielerisch wiederholen, haben wir die Trägheit der Matrix überwunden und sie nachhaltig neu und frei umgestaltet.

Wir sind die Meister der Matrix, denn wir haben sie selbst geschaffen!

KOLLEKTIVES BEWUSSTSEIN

Wie wir bereits erwähnt haben, ist jedes individuelle Bewusstsein gleichzeitig einverwoben in kollektive Bewusstseinsebenen von gigantischer Komplexität und Schönheit. Wir erkennen unser persönliches individuelles Bewusstsein als Teil eines großen Kollektivs. Dieses Kollektiv ist „der Schöpfer der Welt", oder anders ausgedrückt, der Erschaffer jener Matrix, welche die Welt erzeugt hat und diese laufend verändert. Daher macht es Sinn, wenn wir dieses Kollektiv, dem wir selbst angehören, begreifen, um in eine *bewusste* Verbundenheit damit einzutreten und um aus dieser Kraft heraus die Matrix kreativ gestalten zu können.

Wir sehen hier drei für uns Menschen wesentliche kollektive Bewusstseinsebenen:
Die Ebene **Mensch – Mensch**,
die Ebene **Mensch – Planet Erde**
und die Ebene **Mensch – Kosmos**.
Jede dieser Ebenen ist in eine nächst höhere einverwoben. Jede höhere Ebene gewinnt an Komplexität.

Das Bewusstsein des einzelnen Menschen ist Teil der immer komplexer erscheinenden Bewusstseinsebenen Mensch – Mensch, Mensch – Erde, Mensch – Kosmos.

Unter dem Bewusstseinskollektiv **Mensch – Mensch** verstehen wir das gemeinsame große Bewusstsein aller Menschen, und zwar all jener, die zurzeit leben, wie auch jener, die sich zurzeit in keiner körperlichen, dreidimensionalen Existenz befinden. Das Wissen, dass dieses gesamtmenschliche

Bewusstsein eine Einheit darstellt, ist uns momentan weitestgehend verloren gegangen. Es lohnt sich aber, sich dessen wieder zu besinnen. Denn wenn uns klar wird, dass wir mit jedem Menschen *tatsächlich* (und nicht nur theoretisch) verbunden sind, wird jede gewaltsame und kriegerische Auseinandersetzung gänzlich absurd. Ein Krieg wäre demnach gleichermaßen irrsinnig, wie ein Mensch, der sich selbst mit der einen Hand die Finger der anderen bricht.

Dass wir mit dem gesamtmenschlichen Kollektiv eins sind, ist in einer dreidimensionalen körperlichen Existenz wesentlich schwieriger zu verstehen, als im körperfreien Zustand vor der Geburt oder nach dem physischen Tod. Das liegt daran, dass wir in unserer Wahrnehmungsfähigkeit eingeschränkt sind, während wir uns in einem dreidimensionalen Körper befinden. Wir nehmen dann großteils (im Normalfall etwa zu 90%) nur das wahr, was wir mittels der körperlichen Wahrnehmungsorgane erkennen können. Mit unserem großen Gesamtbewusstsein sind wir über die „Schnittstelle" Gehirn verbunden und haben dazu nur bedingt Zugriff – den wir aber schulen und erweitern können (näheres dazu in unserem Buch „Die Matrix des Bewusstseins").

Wir sind überzeugt davon, dass die Wahrnehmbarkeit des gesamtmenschlichen Kollektivs eine Grundvoraussetzung für einen nachhaltigen Weltfrieden darstellt. Wir wissen auch, dass sich die Matrix dahingehend verändern will! Wir erkennen Kräfte darin,

Isolierte Individualität stellt eine trügerische Illusion dar.

Es ist eine Grundvoraussetzung für einen anhaltenden Weltfrieden, dass wir tatsächlich begreifen, dass Mensch zu Mensch eine untrennbare Einheit bildet.

die unsere Wahrnehmungsfähigkeit unbedingt dahingehend schulen will. Dieses Buch verstehen wir als Beitrag dazu, dies zu erreichen.

Eine wesentliche Ebene, auf der sich das kollektive menschliche Bewusstsein mit einem anderen verbindet und verwebt, ist die Ebene **Mensch – Planet Erde.**
Mit „Planet Erde" meinen wir ein Gesamtbewusstsein, das sich aus dem Bewusstsein aller Pflanzen, aus dem aller Tiere und aus dem der Erde selbst ergibt. Für uns hat ein einzelner Berg genauso ein Bewusstsein, wie ein Fluss, ein See, ein Wald oder eine Ebene. Wenn wir z. B. eine Wanderung unternehmen, bei der wir (möglichst ohne zuviel zu denken) wahrnehmen und spüren, so werden wir wahrnehmen, dass wir unterschiedliche Landstriche gänzlich anders empfinden als andere. Wir spüren dann die Wesenheit des Berges oder des Waldes, seine „Wesenszüge" oder anders ausgedrückt, jenes Bewusstsein, das sich in dieser dreidimensionalen Form ausdrückt.

Diese Gegebenheiten, die in ihrer Gesamtheit den Planeten Erde bilden, stehen in ununterbrochener Kommunikation mit dem Bewusstsein Mensch. Sie reagieren nicht nur auf das, was wir tun, sondern auch auf das, was wir denken und fühlen! Es gab einmal in einer kleineren Gemeinde einen Gemeindeweiher, der ziemlich verschmutzt war. Das Wasser war „abgestürzt" und es bildeten sich

Die Bewusstheiten unseres Planeten reagieren nicht nur auf unser Tun, sondern auf unsere Gedanken, Emotionen und im Besonderen auf unsere liebevolle Zuwendung.

Algen. Der Gemeinderat trat zusammen und es wurden Maßnahmen beschlossen, die den Weiher wieder reinigen sollten. Dieser Beschluss alleine hatte aber bereits ausgereicht, dass der Weiher – über Nacht – sich selbst reinigen konnte und sein Wasser wieder klar und gesund wurde. Die bewusste und liebevolle Zuwendung von uns Menschen hatte bereits ausgereicht, dass er die Kraft fand, sich selbst zu heilen!

Wir haben ganz ähnliche Erlebnisse bereits vielfach selbst erlebt. Wenn wir mittels Symbolen uns Swimmingpools oder Hausteichen bewusst zugewendet hatten, konnten wir häufig eine Klärung dieser Gewässer miterleben.

Das kollektive Bewusstsein „Planet Erde" ist ein wesentlicher Faktor, wenn es um Veränderungen in der Matrix geht.

Es ist uns vollkommen klar, dass dieses kollektive Bewusstsein „Planet Erde" gemeinsam mit dem gesamtmenschlichen Bewusstsein die Matrix dieser Welt erschaffen hat. Wir haben damit eine weitere Bewusstseinsebene erkannt, welche Schöpfer der Wirklichkeiten und Realitäten dieser Erde ist und welche alle aktuellen Wandlungsprozesse und Veränderungen in der Matrix mitbestimmt.

Wenn wir uns an das Bündnis Mensch – Planet Erde wieder erinnern, werden wir sehr kraftvoll sein.

Wenn wir dies nicht begreifen und die Erde als Objekt betrachten, das wir nach Belieben ausbeuten können, so fehlt es an einer unbedingt angebrachten Achtsamkeit. Es ist nichts dagegen einzuwenden, dass wir z. B. Erze oder Mineralien der Erde entnehmen, um sie zu verwenden. Es ist aber problematisch, *wie* wir dies tun! Wir behandeln einen wesentlichen Mitschöpfer der Welt wie einen Sklaven ohne Wertigkeit, wir betrachten einen Partner als lebloses Objekt! Dies ist wahrlich eine verrückte und irrsinnige Haltung.

Aber alles, was wir verkehrt machen, können wir auch verändern und gut und sinnvoll umgestalten!
Wenn wir erkennen, dass das kollektive Bewusstsein „Planet Erde" im Bezug auf die Matrix ein wesentlicher Partner für uns ist, können wir uns diesem liebevoll und mit Achtung zuwenden. Bereits dadurch, dass wir diese Gedanken in uns integrieren, verändern wir sinnvoll die Wirklichkeit! Vielleicht erinnern wir uns wieder daran, dass der Planet Erde auch die *Mutter Erde* ist.

Die dritte Ebene, auf der das menschliche Bewusstsein mit einem anderen kollektiven Bewusstsein in Beziehung tritt, beschreiben wir als **Mensch – Kosmos**.
Wir sind kosmische Wesenheiten, wir sind in Wahrheit *kosmische Menschen*. Betrachten wir dies einmal ganz wissenschaftlich: Unser Körper besteht aus einer nahezu unendlichen Vielzahl an Atomen. Neben dem Wasserstoffatom spielen das Sauerstoff- und das Kohlenstoffatom dabei Hauptrollen. Wir wissen nun aus der Astronomie, dass alle Atome, außer dem Wasserstoffatom, erst durch Kernverschmelzungsprozesse in Sternen entstanden sind. Erst dadurch, dass sich Sterne gebildet hatten, dass in ihnen Kern-

Wir sind *kosmische Menschen*.

Selbst jede Zelle unseres Körpers ist Materie, die von einem Stern erschaffen wurde.
Und die Programme unserer DNA sind Ergebnisse kosmischer Einstrahlung.

fusionsprozesse stattgefunden hatten, dass sie verglüht und explodiert waren und die in ihnen entstandenen atomaren Elemente in das Weltall hinausgeschleudert hatten, erst dadurch konnten Planeten und auf den Planeten organisches Leben entstehen. Das bedeutet, dass der Stoff, aus dem all unsere Zellen sind, großteils Sternenstaub ist! Das, was unseren Körper stofflich ausmacht, entstammt ursprünglich Sternen, die längst verglüht sind und die sich entäußert hatten! Wenn wir dies wissen, wird uns unser kosmischer Bezug ein wenig mehr bewusst.

Die kosmische Verbundenheit geht aber auch noch weiter in die Tiefe, auf die Ebene der genetischen Codierungen in unserer DNA. Es gibt grundlegende Untersuchungen über jene Ursachen, welche bedeutende Evolutionssprünge ausgelöst haben könnten. Es ist klar, dass in der Entwicklungsgeschichte des Planeten Erde immer wieder plötzliche Entwicklungssprünge stattgefunden haben. Auf der Suche nach den Auslösern dafür kam man auf kosmische Strahlungseinwirkungen, welche in der DNA mancher Individuen höchst nützliche Veränderungen verursacht hatten, welche dann weitervererbt werden konnten.
Wenn man diese Theorien reflektiert und als Wirklichkeit annimmt, sieht man, dass die Entwicklungsgeschichte auf unserem Planeten, aus der die Evolution des Menschen hervorgegangen ist, durch kosmische Einwirkung stattgefunden hat.

Wir gehen noch einen Schritt weiter. Wir sind der Überzeugung, dass das Universum keine Ansammlung toter Materie ist, sondern dass alles im Universum von Bewusstsein durchdrungen ist. Jeder Planet wird von uns als bewusste Wesenheit wahrgenommen, die sich wiederum mit einer kollektiven übergeordneten Bewusstheit, dem Sternensystem, dem sie angehört, zu einem noch größeren Kollektiv verbindet. Das geht soweit, dass die gesamte Galaxie, in der wir uns befinden, mit ihren etwa dreihundert Milliarden Sternen, von uns als *eine* große Bewusstheit wahrgenommen wird. Klarerweise übersteigt diese Bewusstheit unsere persönliche individuelle Bewusstheit bei weitem. Doch solch einem gigantischen Bewusstsein ist es durchaus zuzutrauen, dass es evolutive Entwicklungssprünge keineswegs dem Zufall überlässt („Gott würfelt nicht"), sondern durchaus mit Absicht auslöst und lenkt.

Es ist für uns keine Frage, dass diese Bewusstheit einen bedeutsamen Anteil an der Schöpfung der Erde und an der Erschaffung der Matrix hat. Wir begegnen auch hier einem wichtigen Partner, einem Schöpferkollegen. Daher macht es Sinn, sich bei kreativen Veränderungen der Matrix auch mit diesem großen Partner bewusst und liebevoll zu verbinden.

Praktische Anwendung

Um eine Verbundenheiten mit der Wesenheit der Galaxie zu erleben und zu spüren, empfehlen wir folgende Übung:

Zeichne das Zeitsiegel ELIM vor dir auf, um die Matrix zu öffnen.

17, Elim

Verwende nun das Codon *43, Wir sind*, indem du im Dreieck die Symbole YSIR, SCHAMBA und INTI dreimal mit der offenen Hand vor dir in den Raum zeichnest.

5, Inti

Sag folgende Affirmation:
Kraft meines göttlichen Bewusstseins, das ich bin
verbinde ich mich

15, Ysir   19, Schamba

mit dem kollektiven Bewusstsein Mensch – Mensch

Das Codon
43, Wir sind

mit dem kollektiven Bewusstsein Mensch – Mutter Erde

mit dem kollektiven Bewusstsein Mensch – Kosmos.

20, Oom

Jetzt!

Es ist!

Stabilisiere zum Abschluss dieser Übung die Wirkung für dich mit dem Zeitsiegel OOM.

Du wirst danach anders wahrnehmen können. Bewusster und weiter. Wenn du dies mehrfach wiederholst, wird sich diese erweiterte Wahrnehmung mehr und mehr stabilisieren. Alle weiteren Übungen und Methoden, die wir in diesem Buch beschreiben, gewinnen an Kraft, wenn du dich an die Verbundenheit mit den Bewusstseinskollektiven erinnert hast.

DER LEBENSPLAN

Wenn wir beobachten, wie unser konkretes Leben oder das unserer Freunde und Bekannten verläuft, so können wir gewisse Gesetzmäßigkeiten erkennen. Das Leben des einen verläuft in sich rund und „glücklich", das des anderen erscheint uns als „unglücklich", in dem nichts gelingt. Worin liegt der Unterschied? Was macht der eine besser oder geschickter, als der andere?

Wir wissen, dass der Lebensverlauf jedes einzelnen ein Ausdruck jener Matrix ist, die seine Lebensumstände erzeugt. Ein wesentlicher Teil der Matrixprogramme sind die persönlichen Glaubenssätze und Überzeugungen. Ein weiterer Programmteil besteht aus dem *Lebensplan*. Wir sehen im Lebensplan die Anlage all jener Potentiale und Talente, die sich in unserem persönlichen Leben verwirklichen können und *wollen*.

Eine Gesetzmäßigkeit in den individuellen Lebensabläufen besteht im Umgang mit dem persönlichen Lebensplan. Je mehr ein Mensch diesen erkennt und lebt, seine Talente entfaltet und umsetzt, umso glückli-

Der Lebensplan ist ein Programm der Matrix.

Je näher ein Mensch diesem Programm kommt, desto freudvoller wird sich sein Leben gestalten.

cher und freudvoller wird sein Leben sein. Wir erkennen das daran, dass sich uns manchmal alle Türen öffnen, wenn wir genau das tun, was uns tatsächlich entspricht, wenn wir eins sind mit uns und somit eins mit dem Programm unseres Lebensplans.

Ich hatte mich einmal gemäß meiner Ausbildungen als Mathematiker und EDV-Berater bei etlichen Firmen beworben. Ich kam aufgrund meiner offiziellen „Qualifikationen" fast immer in die engere Auswahl, den Job selbst aber bekam ich dann doch nicht. Es ging in dieser Situation für mich darum zu begreifen, dass nicht ich „zu schlecht" war, sondern dass ich zur falschen Zeit an der falschen Stelle suchte. Mein Lebensplan hatte bereits eine andere Geschichte für mich vorbereitet.

Wir strahlen das aus, was in uns wirksam ist, was in unserer persönlichen Matrix angelegt ist. Nachdem es in mir bereits angelegt war, kreativ tätig zu werden und unter anderem Bücher zu schreiben, stimmte dies mit dem EDV-Berater nicht überein. Unsere Umwelt spürt dies, wenn auch zumeist unbewusst, und reagiert darauf.

Es macht wenig Sinn, sich gegen den Fluss des Lebensplanes zu stellen.
Es macht aber umso mehr Sinn, sich in diesen Fluss einzubegeben und seine Kraft zu nutzen!

Der Lebensplan strebt von sich aus danach, verwirklicht werden. Er drängt nach Verwirklichung und ist eine mächtige Kraft. Es macht wenig Sinn, sich gegen diese Kraft zu stellen. Es macht aber umso mehr Sinn, sich diese Kraft zunutze zu machen!

Wir kennen im Bezug auf den Lebensplan einige Glaubenssätze, die zwar hochwirksam, aber durch und durch kontraproduktiv sind. „Ohne Fleiß kein Preis", „Je größer deine Leiden auf Erden sind, desto größer wird dein Lohn im Himmel sein" oder „Ich darf nicht glücklich sein". Solche Überzeugungen bewirken ein andauernd mühsames und leidvolles Leben, in dem Lebensfreude und Sinnlichkeit mit vehementen Verboten belegt sind. Man erschafft dadurch eine allgemeine Leidensbereitschaft und empfindet jedes Leid als „gottgewollt".

Wir gehen aber ganz klar davon aus, dass dieser Gott wir selber sind, oder genauer gesagt jene großen Bewusstseinskollektive, denen wir selbst angehören. Und unter diesem Blickwinkel ist es schwer vorstellbar, dass wir ein Leben in Leid und ohne Lebensfreude erschaffen würden.

Ich lade jeden Leser ein, solche oder ähnliche Glaubenssätze in sich zu neutralisieren. Eine gute Methode dazu bietet der Code *1, Löschung von Programmen* mit den Zeitsiegeln 7, HOL und 19, SCHAMBA.

7, Hol   19, Schamba

**Der Code
*1, Löschung von
Programmen***

Wenn wir solche Programme neutralisiert haben, können wir mit unserem tatsächlichen Lebensplan und all den in uns angelegten Talenten in Kontakt kommen und sie endlich verwirklichen.

Wir erkennen den in den Lebensplänen angelegten Lebensverlauf durchgehend freudvoll und sinnlich, sowie kreativ und durch-

Der Lebensplan ist kein vorgegebenes Muss, sondern eine Idealform, der bestmögliche Verlauf.

aus herausfordernd. Das, was im Lebensplan angelegt ist, erscheint uns als vollkommen. Wir sehen den Lebensplan aber keineswegs als ein fest vorgegebenes Muss, sondern als eine Idealform, als den bestmöglichen Verlauf unseres persönlichen Lebens.

Immer wieder dann, wenn sich in unserem Leben durch unsere persönlichen Entscheidungen gewisse Parameter erfüllt haben, kann sich uns das nächste Kapitel unseres Lebensplanes erschließen. Wie ein weiteres Siegel, das wir öffnen konnten. Als ich begriffen hatte, dass es nicht darum ging, EDV-Berater zu werden, beschloss ich selbstständig tätig zu werden. Bald schon eröffneten sich mir Tür und Tor, und ich konnte das tun, was mir tatsächlich entsprach.

Je mehr Siegel wir öffnen können, umso interessanter und erfüllender gestaltet sich unser Leben. Immer dann, wenn ich Entscheidungen getroffen hatte, die dem tatsächlichen Lebensplan entsprachen, hatte ich bald darauf jene Menschen kennen gelernt, die mich gefördert und mir entscheidende Impulse für meine nächsten Schritte gegeben hatten.

Als Übung zum Erkennen des eigenen Lebensplanes empfehlen wir das Codon *25, Erinnerung an den Lebensplan.*

Um etwas genauer zu sein: Der persönliche Lebensplan ist immer in kollektive Lebenspläne eingebettet. Das, was sich in unserem persönlichen Leben ereignen kann und soll, steht im Kontext mit den Lebensplänen der Familie, in der wir aufwachsen, mit all jenen Menschen, denen wir im Laufe unseres Lebens wahrscheinlich begegnen werden, sowie mit noch größeren Kollektiven, wie dem gesamtmenschlichen Bewusstsein.

Die Lebenspläne sind Teil der Matrix, die alles erschafft. Die Schöpfer dieser Matrix sind Bewusstseinskollektive, denen wir angehören. Sie erschufen die Lebenspläne derart, dass das Persönliche stets harmonisch und kunstvoll in das Gesamte eingebettet wurde. Diese Erschaffungen erachten wir als vollkommen.

Die Lebenspläne sind wie Grundmuster, in denen wir kreativ tätig sein können und sollen. Wenn wir in unserem Leben konkrete Vorhaben planen, so sollten wir dies stets im Kontext mit dem Ganzen tun. Wir zeigen in diesem Buch einige Methoden, mit denen wir die Matrix bewusst verändern können, und mit denen wir selbst neue Wirklichkeiten erschaffen können. Diese Methoden sind aber derart gestaltet, dass wir einzig jene Wirklichkeit erschaffen können, die sinnvoll in das kollektive Ganze eingebettet werden kann. Die Matrix wurde von Bewusstseinskollektiven erschaffen und ist daher Eigentum des Kollektivs. Versuche, die Matrix derart zu verändern, dass sich daraus ein persönlicher Vorteil zum Nachteil eines anderen oder zum Nachteil von vielen Menschen ergibt, wird niemals von Dauer sein. Hingegen wird jede Umgestal-

Das Geheimnis zur Umgestaltung der Matrix kann einfach dargelegt werden:
Verbinde dich mit dem Ganzen und erschaffe kraft deines Bewusstseins und kraft deiner Gedanken ein Programm, das *dir und der Gesamtheit* nützt.

Bette deine Kreationen in die Gesamtheiten ein.

Liebe deinen Nächsten *und* dich selbst.

tung der Matrix, die im Sinne des Ganzen und im Sinne der Lebenspläne geschieht, stets eine große Kraft besitzen und daher nachhaltig bestehen.

Wenn wir ein Projekt starten, das erfolgreich werden soll, so macht es nur bedingt Sinn, wenn wir darüber nachdenken, welchen Erfolg es uns bringen wird. Das Projekt bekommt aber eine unendliche Kraft, wenn wir es derart gestalten, dass möglichst viele Menschen davon profitieren können. Dies ist das einzig wirkliche Geheimnis des Erfolges: Er wird immer größer, wenn wir ihn möglichst weit reichend aufteilen.

Die Wurzel aller Fehlprogramme in der Matrix ist der Glaube an den *Mangel*.
Wer an Lebensnotwendigem zuwenig hat, bekommt Angst.
Wer Angst hat, ist manipulierbar und unfrei.

Der Mangel aber ist eine sich selbst bestätigende Illusion.

Wir haben gesagt, dass wir die Matrix als großartig und vollkommen betrachten. Wenn wir aber sehen, was uns umgibt und wie sich das Leben gestaltet, so können wir von dieser Vollkommenheit zumeist wenig erkennen.

Wir betrachten die Matrix als Schöpfung von großartigen Bewusstseinskollektiven, denen wir selbst angehören. Diese Matrix projiziert energetische Frequenzmuster in das morphogenetische Feld, aus dem heraus die erlebbare Wirklichkeit Gestalt annimmt. Diese Matrix ist vollkommen.

Gleichzeitig wurden aber die Frequenzmuster von einer anderen Kraft „infiziert". Es wurden da und dort manche Parameter verändert. Dadurch entstehen Fehlprogramme, das morphogenetische Feld liefert verzerrte Realitäten, die dem ursprünglichen Plan nicht mehr zur Gänze entsprechen. Dies ist durchaus vergleichbar mit einem Virusprogramm, das den Computer infiziert hat.

Die grundlegende Ausrichtung dieser Fehlprogramme ist die Idee des *Mangels*. Es ist dies der Glaubenssatz, dass von allem zu wenig existieren würde. „Zu wenig Geld.", „Zu wenig Zeit.", „Zu wenig Liebe", „Zu wenig zum Essen." Wenn ausreichend viele Menschen daran glauben, wird sich all das bald realisieren, und sobald es sich realisiert hat, bestätigt es den Glaubenssatz – ein Programm, das sich selbst erhält. Eine Matrix mit einem anscheinend resistenten Virus.

Die Folge dieser Idee des Mangels ist die *Angst*. Denn es ist klarerweise beängstigend, wenn etwas Lebensnotwendiges nicht in ausreichendem Maße vorhanden ist.

Menschen, die Ängste haben, sind leicht zu manipulieren. Wenn man sie ausreichend in Angst versetzt hat, werden sie alle beliebigen Überzeugungen und Glaubenssätze annehmen, die man ihnen vorgibt, wenn man ihnen nur erklärt, dass sie damit ihren Mangel beheben könnten. Und wir verstehen nun auch, dass sie dann diese Überzeugungen vehement verteidigen wollen, wenn ein „Feind" diese bedroht. Denn diese Überzeugungen seien die einzige Rettung aus dem Elend des Mangels – was eine weitere Überzeugung erschafft, welche die anderen Überzeugungen aufrechterhält, wie irrsinnig diese auch sein mögen.

Wir wissen, dass alle Institutionen (kirchliche wie staatliche), die Macht ausüben, genau diesen Mechanismus der Ängste verwenden.

Wer aber hat den Gedanken des „Mangels" erfunden? Eine reine Illusion von groß gewordener Glaubwürdigkeit. Das führt uns in die Ebene der Mythen. Die Auswirkungen dieses Fehlprogrammes sind zwar klar nachvollziehbar, der eigentliche Ursprung ist aber schwer auszumachen. Sämtliche mythische Erzählungen, die sich mit diesem Thema befassen, erzählen in mehr oder weniger abgewandelter Form die Geschichte von einem sehr großen Wesen, dem Lichtträger („Licht" ist lateinisch „lux", „tragen" heißt „ferre", was zusammengesetzt „Luzifer" ergibt). Dieser Lichtträger hätte auf die Erde das Licht gebracht, wäre aber vom Licht derart verblendet gewesen, dass er zur Überzeugung gelangte, dass er das alleinige Licht sei. Zum ersten Mal wäre dadurch ein Bewusstsein aus dem kollektiven Sein in eine isolierte Individualität getreten – „ich bin etwas Großartiges, das du nicht bist". Und in dieser Isolation wurde der Gedanke des Mangels geboren – „ich entziehe dir etwas oder enthalte dir etwas vor, was ich dir nur dann gebe, wenn du tust, was ich dir befehle".

Eine schlüssige Geschichte, in der wir im übertragenen Sinne eine sehr große Wahrhaftigkeit erkennen können. Diese Geschichte wird aber meistens nicht zu Ende erzählt, was wir hier nachholen wollen:

Die Idee, durch Erschaffung von Mangel Macht zu erlangen, beruht auf einem Irrtum.

Was ich anderen entziehe, das entziehe ich mir selbst.

Was ich aber anderen zukommen lasse, bereichert letztendlich mich selbst.

Dies sind kosmische Gesetzmäßigkeiten.

Als der Lichtträger die Überzeugung des Mangels und der Ängste auf genügend andere Wesenheiten und Bewusstseinsfelder übertragen hatte, geriet er in Bedrängnis. Denn was er anderen entzog, das entzog er letztlich sich selbst – so lautet das universelle Gesetz. Da die äußere Wirklichkeit wie ein Spiegel wirkt, erkannte er sich selbst. Und er erinnerte sich an sein ursprüngliches Sein und an seine Verbundenheit mit all den Bewusstseinskollektiven. Nachdem er einigermaßen erschrocken darüber war, wusste er wieder um seine tatsächliche Kraft und Macht: Was er verzerren und verwirren konnte, das kann er auch wieder korrigieren! Alles, was wir „schlecht" machen können, all das können wir auch wieder „gut" machen! Die Umkehr des Lichtträgers hatte bereits begonnen.

Ob die Erfindung des Fehlprogrammes „Mangel und Isolation" ein „Fehler" war, wird von uns deutlich bezweifelt. Wir glauben nicht, dass es jemals einen „Sündenfall" gegeben hat. Wir erachten das ganze eher als ein Spiel des Bewusstseins, ein Spielfeld, auf dem ein „Fehler", eine Abweichung auftritt, den es wieder zu beheben gilt. Denn all die Fähigkeiten, die wir bei der Behebung dieses „Fehlprogrammes" erlangen, sind für unser Bewusstsein eine großartige Verfeinerung und Bereicherung. Wir sind aber in unserem Isolations- und Mangelwahn bereits sehr weit gegangen. Es ist an der Zeit, umzukehren.

Die individuellen Fehlprogramme stehen in einer intensiven Wechselwirkung mit den kollektiven Fehlprogrammen.

Wer sich selbst befreit, der befreit die Welt.

Jede persönliche Überzeugung, die uns an unserer Entfaltung und am Erleben der Lebensfreude hindert, hat letztlich im kollektiven Fehlprogramm des Mangels und der Isolation seine Wurzeln. Es erscheint uns wichtig zu begreifen, dass zwischen dem persönlichen und dem kollektiven Fehlprogramm eine direkte Verbindung, eine bestens funktionierende Wechselwirkung besteht. Das bedeutet, dass jede Korrektur der persönlichen Fehlprogramme eine Korrektur in der kollektiven Realität bewirkt. Wer sich selbst befreit, der befreit auch die Welt!

Praktische Übung:

In der folgenden Übung lösen wir einen konkreten Glaubenssatz, der uns an unserer Freiheit hindert, auf. Welche Überzeugungen findest du in dir?
Das könnten z. B. sein:
„Ich darf nicht glücklich sein."
„Ich habe zuwenig Geld."
„Ich habe zuwenig Zeit."
„Ich bekomme zuwenig Liebe."

Wähle eine dieser Überzeugungen aus oder finde eine andere, die dir spontan jetzt einfällt, und schreibe sie auf ein Blatt Papier.

Öffne nun die Matrix, indem du ELIM mit der offenen Hand vor dir in den Raum zeichnest.

17, Elim

Aktiviere das Codon „FREIER FLUG", indem du die Zeitsiegel 3, DAN, 7, HOL und 11, SEM im Dreieck dreimal vor dir in den Raum zeichnest.

3, Dan

Sprich folgende Affirmation laut oder innerlich aus:
„Kraft meines göttlichen Bewusstseins,
das ich bin,
entbinde ich mich aus der Täuschung des Glaubenssatzes
.........(nenne den Glaubenssatz)."

7, Hol   11, Sem

Das Codon
4, Freier Flug

Halte einen Moment inne.

Sprich dann weiter:
„Kraft meines göttlichen Bewusstseins,
das ich bin,
lade ich den FREIEN FLUG in mein Leben ein
und ich gestatte mir die Entfaltung meiner Talente."

Halte wieder einen Moment inne.

Stabilisiere diese Veränderung deiner Matrix mit OOM.

20, Oom

Wiederhole diese Übung an drei aufeinander folgenden Tagen und danach immer dann, wenn du deinen Glaubenssatz störend wahrnimmst. Innerhalb kurzer Zeit können sich dadurch in deinem Leben Wunder ereignen!

DIE STRUKTUREN DER MATRIX

Um auf die Matrix einzuwirken und um sie kreativ verändern zu können, ist es hilfreich, wenn wir ihre Struktur verstehen. Wir erkennen die Matrixstruktur an ihrer Wirkung und an den Ergebnissen ihrer Kraft. Die Matrix wirkt auf die äußere Erscheinungswelt einerseits, und andererseits auf alle Vorgänge, die diese äußere Erscheinungswelt funktionieren lassen. Wir haben diesbezüglich vor allem die Entwicklungsprozesse in den Lebensabläufen der Menschen beobachtet und analysiert. Wir haben beobachtet, welche Entwicklungsschritte der Mensch immer wieder durchläuft und wie er seine eigenen Lebensumstände– bewusst oder unbewusst - selbst erschafft.

Wir erschaffen ein Abbild von den Strukturen der Matrix.

Je näher diese Abbildung an das Wesen der Matrix herankommt, umso kraftvoller wird es sein, wenn wir damit konkret arbeiten.

Wenn wir die Struktur der Matrix begriffen haben, geht es darum, diese abzubilden, sie in einer bildhaften Sprache darzustellen. Je genauer diese Abbildung an das Wesen der Matrix herankommt, umso klarer und wirkungsvoller können wir damit arbeiten und konkrete Ergebnisse erzielen.

Nachdem es sich bei der Matrix um ein gigantisches „Programm" handelt, führt uns die Analyse ihrer Strukturen auf mathematisches Gebiet. Wir haben inzwischen erkannt, dass einfache mathematische Strukturmäßigkeiten eine Art Basisformel für alle wesentlichen Vorgänge in jedem Entwicklungsverlauf sind. Diese Strukturmäßigkeiten sind Grundformen, die überall in unserem Universum in gleicher Weise auftreten. Sie können von jedem intelligenten Wesen verstanden werden, völlig unabhängig davon, in welchem Zahlensystem dieses Wesen rechnet. Wir betrachten daher die Strukturen der ganzen Zahlen als eine grundlegende kosmische Formel, auf der alles aufgebaut ist.

Um dies begreifen zu können ist es wichtig, dass wir Zahlen nicht mehr als reine Mengendarstellungen betrachten, sondern als *Qualitäten* erkennen, die etwas ausdrükken. Wenn es z. B. genau 20 Aminosäuren gibt, welche die Grundlage allen organischen Lebens bilden, so ist die Zahl 20 nicht bloß eine quantitative Angabe, sondern drückt etwas aus. Es sind nicht zufällig 20 Aminosäuren, sondern es sind deshalb 20, weil die Zahl 20 qualitativ eine Gesetzmäßigkeit darstellt, die mit dem Aufbau des Lebens in Zusammenhang steht. Wir verweisen in diesem Zusammenhang auf das Buch „Gottes geheime Formel" von Dr. Peter Plichta.

20 Aminosäuren bilden die Grundlage des organischen Lebens.

Wenn wir nun die Matrix darstellen wollen, so brauchen wir zugrunde liegende Parameter, die diese Matrix erzeugen. Nachdem die Zahl 20 eine derart wesentliche Rolle im Aufbau des organischen Lebens spielt, bietet sich uns damit eine ausgezeichnete Zahl, um die grundlegenden Matrixparameter darzustellen. Wir bilden daher jene Parameter,

Die grundlegenden Parameter der Matrix werden über die 20 *Zeitsiegelsymbole* dargestellt.

welche die Matrix aufbauen, in Form der 20 *Zeitsiegelsymbole* ab.

Die Idee, die Realität über eine Matrix mit 20 Zeichen abzubilden, hat es bereits gegeben. Die Völker der Mayas hatten in ihren berühmt gewordenen Kalenderdarstellungen ebenfalls 20 grundlegende Bilder, welche sie mit einem 13er Takt kombinierten. Auch wir werden in unseren mathematischen Analysen bald der Zahl 13 begegnen!

Wir haben 20 Zeitsiegel, welche die Grundparameter der Matrix darstellen. Jedes dieser Zeitsiegel besitzt eine Position innerhalb eines Schemas, das wir nun beschreiben werden:

Es kann jede Entwicklung in fünf grundlegenden Zyklen dargestellt werden, wobei diese Darstellung einen Entwicklungsprozess so zeigt, wie er sein sollte.

Die fünf Häuser sind die Zyklen immer wiederkehrender Entwicklungsprozesse.

Wir nennen diese grundlegenden Zyklen **die fünf Häuser** der Matrix. Wir durchlaufen diese Zyklen wieder und wieder, viele Male. Sie sind das Grundprogramm unseres Seins. Ein Entwicklungsprozess beginnt immer im **Haus der Geburt**. Stellen wir uns den Lebenslauf einer Sonnenblume vor. Die Geburt beginnt mit dem Keimen des Samens und ist in dem Moment abgeschlossen, in dem die Pflanze das Erdreich durchdringt und an die Oberfläche kommt.

Der zweite Zyklus findet im **Haus des Bewusstseins** statt. Unsere Sonnenblume wird sich ihrer Existenz dadurch bewusst, dass sie wächst und gedeiht und sich *Raum* schafft. Es ist stets ein Zeichen von Selbstbewusstsein, wenn man den Raum um sich herum, welcher der eigenen Existenz zusteht, einnimmt.

Im **Haus der Kunst und Schönheit** gelangt der Entwicklungsprozess zu seinem Höchststand. Die Sonnenblume entfaltet ihre Blüte voller Sinnlichkeit und Schönheit. Dieser Existenzzustand befindet sich am Höhepunkt der Kraft und wird von allen Seiten hilfreich unterstützt. Die erblühende Schönheit und Anmut erfährt die ihr zustehende Bewunderung.

Sobald der Höhepunkt überschritten wurde, befinden wir uns im **Haus des Übergangs**. Die Schönheit unserer Sonnenblume verblüht und ihr Wesen beginnt eine Reise in einen anderen Bereich. Das individuelle Sein tritt zurück und wird auf ein *kollektives Sein* vorbereitet. Wir verlieren hier alles, was mit „Egostrukturen" zu tun hat. Wenn wir eine Entwicklung durchlaufen haben, so war sie im Haus der Schönheit am Höhepunkt angelangt und ganz unser eigen. Nun ist es aber an der Zeit, all dies loszulassen. Dieser Loslassungsprozess findet zum Wohle des Ganzen im Haus des Überganges statt.

Haben wir den Übergang vollendet, treten wir in das **Haus der Matrix** ein. Hier wird all das, was wir im Laufe unseres Entwicklungsprozesses erfahren haben, in die Matrix eingegeben. Aus der individuellen, per-

Die fünf Häuser als Sinnbild der fünf Entwicklungsphasen:

Die Geburt.

Das Bewusstsein und das Schaffen von Raum.

Die Kunst, die Schönheit und der Höhepunkt der Entfaltung.

Das gänzliche Loslassen der Ich-Zentriertheit und der Übergang ins *Wir sind*.

Das Betreten der kollektiven Bewusstheit im Haus der Matrix, die Vollendung der Entwicklung.

sönlichen Wirklichkeit wird nun eine allgemeingültige. Wir betreten nun die Ebene des kollektiven Bewusst-Seins. Dadurch, dass wir die Egostrukturen abgebaut haben, gewinnen wir nun die Macht, die Matrix zu verändern und kraft unserer Erfahrung zu vollenden. Die Erfahrungen, die wir gemacht haben, und die Taten, die wir gesetzt haben, zeigen nun ihre Auswirkungen im allgemeinen Matrixfeld, sie werden zur Geschichte, welche die Vergangenheit geprägt hat und die Zukunft beeinflusst. Die Sonnenblume wirft ihre Samen ab, in denen sie das Programm für das Wachstum neuer Sonnenblumen gespeichert hat. Der Entwicklungsprozess ist vollendet. Ein neuer Durchlauf voller Ereignisse und Erfahrungen kann beginnen.

In jedem der fünf Häuser werden nacheinander die vier Kräfte wirksam:

In jedem dieser fünf Häuser treten nacheinander **vier Kräfte** auf. Jedes Haus beschreibt somit einen Zyklus, der in einem Vierertakt abläuft.

Die Initiation, der Startimpuls.

Es beginnt mit der **Kraft der Initiation**, dem Startimpuls.

Die Verfeinerung, die Überarbeitung der Form.

Der zweite Takt besteht in der **Kraft der Verfeinerung**. Das, was durch den kräftigen und zeitweise heftigen Startimpuls ausgelöst worden war, wird nun genauer ausgerichtet. Aus der Rohform entsteht die feinere überarbeitete Form.

Die Transformation und Bewährungsprobe.

Durch die **Kraft der Transformation** durchläuft der aktuelle Prozess eine Bewährungsprobe. Er wird dem transformierenden Wind ausgesetzt, der all das korrigiert, was

Die Vollendung.

der vollkommenen Entwicklung zuwider läuft.

Dadurch erhält das Haus, in dem die Kräfte wirksam sind, seine vollendete Form. Der Entwicklungsprozess kann hier durch die **Kraft der Vollendung** seinen bestmöglichen Abschluss finden.

Hiermit erhalten wir nun ein 5 x 4 Schema, welches sämtliche Entwicklungsprozesse in ihrem bestmöglichen Verlauf abbilden kann. Jede Position in diesem Schema entspricht einem Parameter der Matrix, der durch ein Zeitsiegel dargestellt werden kann. Diese Zeitsiegel sind Symbolbilder und wertvolle Hilfsmittel, wenn es darum geht, Störprogramme in der Matrix zu neutralisieren und unser Leben kreativ zu gestalten.

Den einzelnen Positionen dieses Schemas können Zahlenwerte (von 1 bis 20) zugeordnet werden. Das Zeitsiegelschema hat folgende Form (siehe Grafik):

HÄUSER

	Geburt	Bewusst-sein	Kunst Schönheit	Über-gang	Matrix
Initiation	1 Aluef	5 Inti	9 Vlam	13 Öchim	17 Elim
Verfeinerung	2 Naal	6 Maan	10 Kler	14 Ril	18 Waam
Transformation	3 Dan	7 Hol	11 Sem	15 Ysir	19 Schamba
Vollendung	4 Ulun	8 Luman	12 Brahm	16 Charion	20 Oom

KRÄFTE

53

Mit der Darstellung der 20 Zeitsiegel haben wir nun eine gute Basis geschaffen. Jedes dieser Symbole kann für sich angewendet werden, indem man es mit der offenen Hand vor sich in den Raum zeichnet. Die Wirkung der einzelnen Symbole und die Art und Weise, wie man sie am besten anwendet, werden in den folgenden Kapiteln beschrieben.

Wir wollten aber noch weiter forschen. Wir wussten, dass dies erst die Grundlage bilden würde und dass dahinter noch wesentlich weiter reichende Anwendungsmöglichkeiten stehen würden. Wir erkannten bald, dass es eine Art Schlüssel geben müsse, mit dem man bestimmte Zeitsiegel miteinander kombinieren könnte. Wir würden daraus Möglichkeiten erhalten um noch effektiver die Programme der Matrix umgestalten zu können.

Wir fanden diesen Schlüssel in den Strukturen der Zahlen, die wir mathematisch analysierten. Wir werden hier diese Erkenntnisse beschreiben.
Daraus ergaben sich bestimmte **Codes** und **Codons**, die Kombinationen von jeweils zwei oder drei Zeitsiegeln. Für die praktische Anwendung ist der mathematische Hintergrund zwar nicht notwendig, er ist aber jedenfalls interessant und trägt wesentlich zu einem tieferen Verständnis bei.

Ein wesentlicher Schlüssel war für uns die mathematische Struktur des so genannten *Goldenen Schnittes*. Der Goldene Schnitt ist eine Proportion, ein Streckenverhältnis, das in der Natur fast überall vorkommt. So ist z. B. die Länge des ersten Fingergliedes zur Länge des zweiten dem goldenen Schnitt sehr nahe, genauso wie die Länge des zweiten Gliedes zur Länge des dritten, die Länge der Hand zur Länge des Ellbogens usw. Ein typischer und bekannter Ausdruck des goldenen Schnittes sind auch die Spiralformen der Muscheln und der Schneckenhäuser, wenn man die Radien der immer größer werdenden Kreise, welche die Spirale erzeugen, abmisst und deren Proportionen zueinander berechnet.

Untersuchungen haben ergeben, dass wir den goldenen Schnitt als *schön* wahrnehmen. Je näher z. B. die Proportionen eines menschlichen Körpers am goldenen Schnitt liegen, desto schöner empfinden wir ihn.

Wenn also die Natur in ihrer Erscheinungsform überall mit dem goldenen Schnitt spielt, so kann man davon ausgehen, dass die Struktur des goldenen Schnittes Teil jener Matrix ist, welche diese Erscheinungsformen erzeugt.

Der Mathematiker Leonardo Fibonacci (er lebte ca. 1170 bis 1250 in Süditalien) hat uns die mathematische Struktur des goldenen Schnittes geliefert. Sie ergibt sich aus der bekannten Fibonacci-Zahlenfolge:

1, 1, 2, 3, 5, 8, 13, 21, ...

Alle Proportionen, die sich im Goldenen Schnitt befinden, werden vom menschlichen Auge als Ausdruck von Schönheit wahrgenommen.

Die Erscheinungsformen der Natur treten im Goldenen Schnitt auf.
Diese Erscheinungsformen werden von der Matrix erzeugt.
Wenn wir nun die Struktur des Goldenen Schnittes erkennen, haben wir eine bedeutende Gesetzmäßigkeit der Matrix erkannt.

Diese Zahlenfolge ergibt sich daraus, dass man mit zwei Zahlen (1, 1) beginnt und ab der dritten Zahl jeweils die Summe der beiden Vorgänger berechnet.

$2 = 1 + 1$

$3 = 1 + 2$

$5 = 2 + 3$ usw.

Die Addition von jeweils *zwei* Zahlen ist eine wesentliche Struktur der äußeren Erscheinungswelt.

Berechnet man in dieser Zahlenfolge jeweils das Verhältnis der Zahl zu ihrem Vorgänger, so sieht man, dass sich diese Verhältnisse immer mehr dem goldenen Schnitt annähern.

Fangen wir bei der Zahl 3 an, so sieht das so aus:

$5 : 3 = 1{,}666666$

$8 : 5 = 1{,}6$

$13 : 8 = 1{,}625$

$21 : 13 = 1{,}61538$ usw.

bis wir schließlich beim goldenen Schnitt von $1{,}618$ landen.

Wichtig war für uns in diesem Zusammenhang die mathematische Struktur, über die der goldene Schnitt aufgebaut wird. Und nun wissen wir, dass eine einfache *Addition* von jeweils *zwei* Zahlen die grundlegende Struktur der äußeren Erscheinungswelt erzeugt.

Wenn wir nun die Struktur der äußeren Erscheinungswelt haben, so interessiert uns natürlich auch die Struktur jener Programme, welche die sichtbare, äußere Welt funktionieren lassen. Die Idee, wie wir diese Programme darstellen können, gab uns die

DNA. Wir wissen, dass die DNA den genetischen Code jedes Menschen darstellt. Aber mehr noch: Die DNA liefert auch jene Informationen, über die der Körper Aminosäuren aneinander reiht und dadurch z. B. die Hormone aufbaut. Diese Informationen ergeben sich aus der Abfolge von *drei* Basen – dem so genannten *Codon*. Jedes Codon ist ein „Programmcode" für genau eine bestimmte Aminosäure. Die Aneinanderreihung dieser Programmcodes ergibt schließlich das Programm für das Hormon selbst.

Wir finden also in den Codons eine *Dreiheit*, die kleinste Einheit, über welche unser organischer Körper Programme darstellt.

Die Dreiheit der Codons lieferte uns den Schlüssel für die Struktur jener Programme, welche die Matrix funktionieren lassen, sozusagen für das Betriebssystem der Matrix! Sie besteht aus der Addition (symbolischer Ausdruck für die Aneinanderreihung) von jeweils *drei* Parametern. Wenn wir ähnlich der Fibonacci-Zahlenfolge mit drei Einsern beginnen und dann jeweils die drei Vorgänger addieren, sind wir bereits der Struktur der grundlegenden Matrixprogramme auf der Spur. Das sieht nun vorerst einmal so aus:

1, 1, 1, 3, 5, 9, 17, 31, 57, 105,……..

denn $3 = 1 + 1 + 1$

$5 = 3 + 1 + 1$

$9 = 5 + 3 + 1$

usw.

Die Addition von jeweils *drei* Zahlen ist eine Darstellung für jene Programme, welche die äußere Erscheinungswelt funktionieren lassen – wie z. B. die Hormone im menschlichen Körper.

Diese Struktur entspricht dem Betriebssystem der Matrix.

Gehen wir nun etwas tiefer in die Struktur der Zahlen an sich hinein. Wir wissen intuitiv, dass die so genannten *Primzahlen* eine grundlegende Bedeutung haben. Primzahlen sind Zahlen, die sich durch keine andere Zahl (außer durch 1) teilen lassen. Die Zahl 6 ist z. B. keine Primzahl, da sie durch 2 und durch 3 teilbar ist. Die Zahl 7 hingegen ist eine Primzahl, da sie keinen anderen Teiler hat, außer sich selbst und die 1.

Primzahlen sind die Grundbausteine jedes Zahlen- und Parametersystems. Ein kosmisches Gesetz und eine weitere Struktur der Matrix.

Jede Zahl, die selbst keine Primzahl ist, wird durch eine eindeutige Multiplikation durch mehrere Primzahlen aufgebaut. So ist z. B. 12 = 2 x 2 x 3. Keine anderen Primzahlen, außer 2, 2, und 3 können die 12 erzeugen (4 x 3 gilt nicht, da 4 selbst keine Primzahl ist!). Daher kann man die Primzahlen als die *Grundbausteine* aller Zahlen betrachten. Dies ist wie ein kosmisches Gesetz, das jedes intelligente Wesen in diesem Universum verstehen kann, unabhängig vom Zahlensystem, in dem gerechnet wird. Dies gilt im „hintersten Winkel" der Galaxie genauso, wie auf der Erde.

Wenn wir die Struktur der Primzahlen begreifen, sind wir den Strukturen der Matrix wieder einen Schritt näher gekommen.

Die Primzahlen sind also die Basis aller Zahlen- und Parametersysteme – und somit auch ein wesentlicher Strukturfaktor der Matrix. Wenn wir die Matrix und ihre Parameter darstellen, sollten wir auch die Primzahlstruktur berücksichtigen!

Eine wesentliche Gesetzmäßigkeit der Primzahlen formulierte der Mathematiker Gottfried Wilhelm Leibniz, der 1646 bis 1716 in Deutschland lebte. Er erkannte, dass alle Primzahlen, außer die beiden kleinsten Primzahlen, die 2 und die 3, links oder rechts neben einem Vielfachen von 6 liegen. Sie sind also entweder um eines kleiner oder um eines größer als ein Vielfaches von 6.

Z. B.:

Die Primzahl 7 ist um 1 größer, als 6; die Primzahl 11 ist um 1 kleiner als $12 = 2 \times 6$ (12 ist ein Vielfaches von 6); die Primzahl 19 ist wieder um 1 größer als 18, was wieder ein Vielfaches von 6 ist ($18 = 3 \times 6$).

Und das gilt für *alle* Primzahlen!

Das heißt also, dass links und rechts von den Vielfachen der 6 die „Primzahlstrahlen" liegen.

Das wird uns ganz klar, wenn man die Zahlen der Reihe nach in folgender Form aufschreibt:

```
              1
  2   3   4   5   6   7
  8   9  10  11  12  13
 14  15  16  17  18  19
 20  21  22  23  24  25
 26  27  28  29  30  31
 ……
```

In der ersten Spalte stehen nun lauter gerade Zahlen (2, 8, 14, 20, 26…..). Das können, außer der Zahl 2 selbst, keine Primzahlen mehr sein. Genauso stehen in der dritten Spalte (4, 10, 16, 22, 28,….) und in der

Alle Primzahlen, außer 2 und 3, sind entweder um 1 kleiner, oder um 1 größer als ein Vielfaches von 6.

Es gibt also zwei Primzahlstrahlen, den *-1-Strahl*, den wir den *Yin-Strahl* nennen, und den *+1-Strahl*, den wir den *Yang-Strahl* nennen.

Das ist die grundlegende Struktur aller Primzahlen und daher eine wesentliche Struktur der Matrix.

fünften Spalte (6, 12, 18, 24, 30, …) lauter gerade Zahlen, also ebenfalls keine Primzahlen.

In der zweiten Spalte (3, 9, 15, 21, 27, …) stehen alle ungeraden Vielfache von 3, also außer der 3 selbst wieder keine Primzahlen. Daher müssen nun alle Primzahlen entweder in der vierten, oder in der sechsten Reihe stehen, und das sind genau jene Zahlen, die entweder um 1 kleiner oder um 1 größer als die Vielfachen von 6 sind! Wir haben also in der vierten und in der sechsten Reihe die beiden *Primzahlstrahlen*!

Wenn man darüber reflektiert, erkennt man in der Zahl 6 eine wichtige Strukturzahl. Dasselbe zeigen uns auch wesentliche Erscheinungsformen in der Natur: Bienenwaben bilden immer eine Sechseckstruktur aus. In der Chemie kennt man die sechseckigen Benzolringe. Es ist aber vor allem das Wasser, das mit der Sechseckstruktur spielt, denn wenn Wasser friert, kristallisiert es stets in einer sechseckigen Form, wie man an den Schneekristallen erkennen kann.

Da Wasser das häufigste Element auf unserem Planeten ist und die Grundlage für jedes organische Leben bildet, kann man davon ausgehen, dass sein Kristallisationsverhalten eine wesentliche Strukturform der Matrix widerspiegelt.

Wir haben nun das Wissen über die Primzahlen und das Wissen über die Additionsgesetze kombiniert. Zu diesem Zweck haben wir das herkömmliche Zahlensystem verlassen und die Zahlen in vier Gruppen eingeteilt.

Wir wissen, dass alle Primzahlen entweder links oder rechts von einem Vielfachen von 6 liegen. Den linken Primzahlenstrahl haben wir als *Yin-Strahl* und die Zahlen, die auf ihm liegen, als *-1-Zahlen* (5, 11, 17, 23, 29...) bezeichnet. Den rechten Primzahlenstrahl nannten wir den „*Yang-Strahl*" und seine Zahlen die *+1-Zahlen* (1, 7, 13, 19, 25, ...). Es blieben dann noch die ungeraden Vielfachen von 3, die wir als 3-Zahlen bezeichneten (3, 9, 15, 21, 27, ...) und alle geraden Zahlen, die wir als 2-Zahlen (2, 8, 14, 20, 26 ...), als 4-Zahlen (4, 10, 16, 22, 28, ...) oder als 6-Zahlen (6, 12, 18, 24, 30, ...) bezeichneten, je nachdem, in welcher Spalte sie im vorigen Schema (Seite 59) auftreten.

Die -1-Zahlen	Die +1-Zahlen
5	1
11	7
17	13
23	19
29	25
...	...

Dann stellten wir uns die Frage, ob die Zahlenreihe, die durch die *Addition von jeweils drei Zahlen* entsteht, Strukturen erkennen lässt, wenn wir nicht die Zahlen selbst, sondern nur die Zahlenkategorien (-1, + 1, 3, 2, 4, 6) betrachten. Denn wenn wir dies finden, sind wir dem Programmcode der Matrix bereits sehr nahe!

Und wir wurden tatsächlich fündig!
Wir sahen, dass die Struktur jener Zahlenreihe einen geschlossenen *Zyklus* bildet. Das bedeutet, dass es völlig unabhängig davon ist, mit welchen drei Zahlen man am An-

Die Zahl 6 erweist sich als wesentliche Strukturzahl – im Aufbau der Primzahlen genauso, wie im Kristallisationsverhalten des Wassers.

Das innere Programm der Zahl 6 ist ein 8er und ein 13er-Takt!

fang beginnt, die Kategorien der Zahlen bilden einen *Kreislauf, der sich immer und immer wieder wiederholt!*

Und dieser Kreislauf läuft stets in einem 13er-Takt! Wir haben durch diese mathematischen Strukturmäßigkeiten nun erkannt, dass es zwischen der Zahl 6 (einer wesentlichen Strukturzahl des organischen Lebens) und der Zahl 13 einen eindeutigen Zusammenhang gibt.

Wir erinnern uns dabei wieder an die Mayas, die davon ausgingen, dass die Matrix der Zeit eine 13er und eine 20er Struktur hat!

Mathematisch genau ausgedrückt bedeutet dies, dass wir zwei verschiedene 13er-Zyklen erhalten können, wenn wir mit drei ungeraden Zahlen beginnen. Wir bilden daraus eine Zahlenfolge, indem wir immer die drei Vorgänger addieren, um zur nächsten Zahl zu gelangen.

Der Yang-Zyklus	Der Yin-Zyklus
+1	-1
+1	-1
+1	-1
3	3
-1	+1
3	3
-1	+1
+1	-1
3	3
3	3
+1	-1
+1	-1
-1	+1

Z. B.: 1, 1, 1, 3, 5, 9, 17, …

Wir betrachten dann aber von dieser Zahl nicht die Zahl an sich, sondern die Kategorie, der diese Zahl zugehört.

Das bedeutet für das obige Beispiel: +1, +1, +1, 3, -1, 3, -1, …

Je nachdem, mit welchen Zahlen wir beginnen, bekommen wir einen der beiden folgenden 13er-Zyklen:

Der eine Zyklus, den wir den *Yang-Zyklus* nennen, da er hauptsächlich +1-Zahlen enthält, lautet:

+1, +1, +1, 3, -1, 3, -1, +1, 3, 3, +1, +1, -1

Der zweite Zyklus, den wir den *Yin-Zyklus* nennen, da er häufig -1-Zahlen enthält, hat die Form:
-1, -1,-1, 3, +1, 3, +1, -1, 3, 3, -1, -1, +1

Beginnt man hingegen nicht mit drei ungeraden Zahlen, sondern mischt man sie mit ein oder zwei geraden Zahlen, so erhält man mehrere Zyklen, die aus einem 13 x 8 = 104er-Takt bestehen. Wir finden also auch in diesem Fall die Zahl 13 wieder.

Für die geraden Zahlen wählten wir einen anderen mathematischen Algorithmus. Gerade Zahlen stehen immer für Struktur und drücken eher die äußere Erscheinungswelt aus. Denn das, was wir im Außen sehen, ist polar und symmetrisch: zwei Augen, zwei Arme, zwei Beine, zwei Geschlechter usw. Aus diesem Grund ist es angeraten, den ursprünglichen Fibonacci-Algorithmus auf die geraden Zahlen anzuwenden. Wir beginnen nun mit zwei beliebigen geraden Zahlen und addieren jeweils die zwei Vorgängerzahlen um die nächst folgende zu erhalten.
Z. B.: 2, 2, 4, 6, 10, 16, 26, …
Wir betrachten auch hier nicht die Zahlen an sich, sondern deren Struktur, also die Kategorien, denen sie angehören. Das ergibt:
2, 2, 4, 6, 4, 4, 2, …

Der Struktur-Zyklus
2
2
4
6
4
4
2
6

Unabhängig davon, mit welchen geraden Zahlen wir hier beginnen, erhalten wir immer denselben 8er-Zyklus, den wir den

Struktur-Zyklus nennen. Er hat folgende Form:
2, 2, 4, 6, 4, 4, 2, 6

Wir begreifen den Yin-Zyklus, den Yang-Zyklus und den Struktur-Zyklus als die grundlegenden Rhythmen der Matrix.

Mit diesen drei Zyklen, dem Yin-Zyklus, dem Yang-Zyklus und dem Struktur-Zyklus haben wir drei Rhythmen gefunden, die wir als die grundlegenden Matrixrhythmen begreifen. Der nächste Schritt bestand nun darin, diese Rhythmen auf die Parameter der Matrix umzulegen.

Das, was sich uns dadurch offenbarte, waren die Codes und die Codons der Matrix selbst!

Wir legen diese Rhythmen auf die Parameter der Matrix – auf die 20 Zeitsiegel – um. Dadurch eröffnet sich uns das Geheimnis: Wir finden die Codes und die Codons der Matrix!

Der mathematische Algorithmus für diese Übertragung ist ganz einfach: Wir nehmen einen der drei Zyklen und beginnen mit einem Parameterwert aus der Matrix (zwischen 1 und 20), welcher der ersten Zykluszahl entspricht.

Nehmen wir z. B. den Yang-Zyklus
+1, +1, +1, 3, -1, 3, -1, +1, 3, 3, +1, +1, -1
7 wäre ein Parameter, der eine +1-Zahl ist und daher dem ersten Takt des Yang-Zyklus entspricht.

Der Zyklus gibt uns nun den Rhythmus vor, nach dem wir die Parameter der Matrix einsetzen müssen. Die Matrixparameter werden immer größer; wenn es keinen größeren Wert mehr gibt, wählt man den kleinstmöglichen.

In unserem Beispiel wäre der Parameter 13 die nächste +1-Zahl, dann kommt 19 als dritte +1-Zahl. Nun brauchen wir einen Parameter, der eine 3-Zahl ist. Da es zwischen 1 und 20 keine 3-Zahl gibt, die größer als 19 ist, nehmen wir die kleinste, nämlich 3. Wir haben bis jetzt die Abfolge 7, 13, 19, 3, die sich nun weiterrechnen lässt.

Mit 7, 13, 19 haben wir dann die Parameter für ein erstes Codon, das aus den Zeitsiegeln Hol (7), Öchim (13) und Schamba (19) besteht.

Unsere weitere Arbeit bestand nun darin, diese Kombinationen zu interpretieren. Das gerade beschriebene Codon erhielt den Namen *12, nachhaltiger Erfolg.*

Legt man nun alle drei Zyklen nacheinander auf die Zeitsiegelparameter um, so findet man wieder in sich geschlossene Zyklen, die wie „Attraktoren" wirken. Unabhängig, in welchem Rhythmus und mit welchem zugehörigen Parameter man beginnt, man landet bald in einem dieser sich immer wieder wiederholenden Attraktoren – ein Phänomen, das der Mathematik vor allem aus der „fraktalen Geometrie" und der „Chaostheorie" bekannt ist.

Diese Attraktoren sind das Ergebnis unserer mathematischen Untersuchungen. Sie lieferten uns die Gestalt der Codes (das sind zwei aufeinander folgende Zeitsiegel) und der Codons (das sind die Kombinationen von drei Zeitsiegeln).

Aus dem Yang-Zyklus, dem Yin-Zyklus und dem Struktur-Zyklus entstehen „Attraktoren".

Aus den Attraktoren können die Codes und Codons abgelesen werden.

Der Attraktor des Yang-Zyklus besteht aus 2 mal 13 Takten und beinhaltet folgende Parameter:

7	13	19	3	5	9	11	13	15	3	7	13	17
1	7	13	15	17	3	5	7	9	15	19	1	5

Der Yin-Zyklus erzeugt drei 13er-Attraktoren:

5	11	17	3	7	9	13	17	3	9	11	17	19
11	17	5	9	13	15	19	5	9	15	17	5	7
17	5	11	15	19	3	7	11	15	3	5	11	13

Der Struktur-Zyklus erzeugt einen zweifachen 8er-Attraktor:

6	8	14	16	18	4	10	14
18	20	2	4	6	10	16	20

Liest man die Attraktoren horizontal, bzw. den Attraktor des Yang-Zyklus horizontal und vertikal, so findet man sämtliche Codes und Codons.

Alle Codes und Codons haben wir in diesem Buch beschrieben, interpretiert und mit entsprechenden Methoden für die praktische Anwendung versehen.

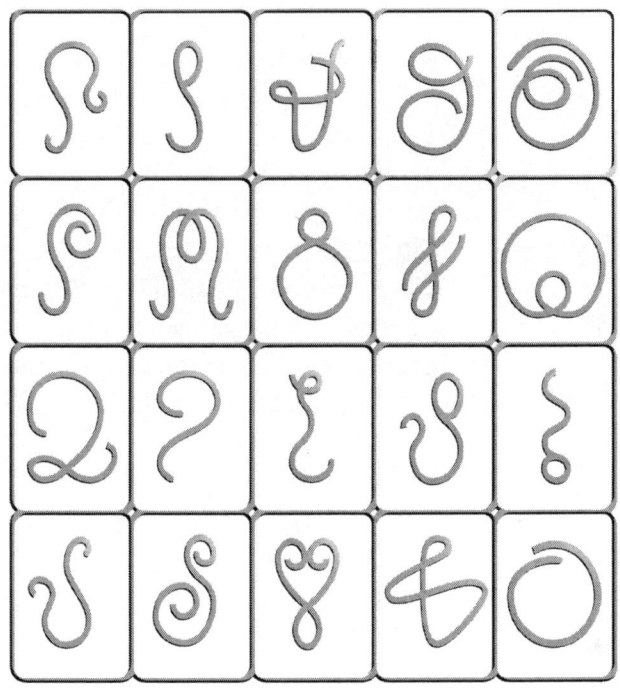

BEWUSSTSEINSFORMELN

DIE 20 ZEITSIEGELSYMBOLE

ZEITSIEGELSYMBOLE UND BEWUSSTSEINSFORMELN

Wir haben im vorigen Kapitel als *Matrix* jene Kraft begriffen, welche die Wirklichkeit erzeugt. Diese Kraft kann man sich als großartige und unendlich komplexe Programme vorstellen, die einerseits im Sinne einer Urmatrix in reiner vollkommener Gestalt funktionieren, aber andererseits auch „Fehlprogramme" beinhalten. Diese Fehlprogramme erzeugen Ängste oder zumindest eine Unzufriedenheit in unserem alltäglichen Leben.

In diesem Kapitel geht es nun darum, einfach anwendbare Methoden zu zeigen, durch die Fehlprogramme gelöscht und die reinen Programme der Urmatrix wieder aktiviert werden können.

Zeichne mit der offenen rechten Hand das Zeitsiegelsymbol vor dir in den Raum.
Sprich die Bewusstseinsformel.
Wiederhole diesen Vorgang dreimal.

Die einfachste Methode besteht in der Anwendung der einzelnen Zeitsiegel. Wir zeichnen dabei das Zeitsiegel mit der offenen rechten Hand (bei Linkshändern mit der offenen linken Hand) vor uns in den Raum. Wir sagen dazu laut (oder falls nicht anders möglich leise in uns) die zum Zeitsiegel gehörige *Bewusstseinsformel*. Die wird bei der Beschreibung der einzelnen Zeitsiegel jeweils angegeben.

Wir wiederholen diesen Vorgang – das Zeichnen des Symbols und das Sprechen der Bewusstseinsformel – dreimal.

Bei diesem Vorgang geschieht folgendes:
Wenn wir die Hand öffnen und uns darauf konzentrieren, ein Symbol zu zeichnen, entsteht in unserer Hand ein elektromagnetisches Feld. Durch das Zeichnen, durch die Bewegung der Hand, entsteht ein elektromagnetisches Muster, welches eine Spur im Raum hinterlässt. Diese Spur erzeugt die Wirkung.

Bei Rechtshändern ist das Zentrum der rechten Hand am besten geeignet, um solch eine energetische Wirkung zu erzeugen. In vielen Kulturen wird das Öffnen der rechten Hand als Geste des Grußes oder als rituelle Segnung verstanden.

Bei Linkshändern eignet sich dafür zumeist die linke Hand am besten.

Sprechen wir nun die **Bewusstseinsformel** dazu, so kann unser Bewusstsein gezielt auf die gewünschte Wirkung fokussiert werden. Dadurch, dass die Bewusstseinsformeln fix definiert sind, wird für ein und dieselbe Absicht immer dieselbe Formel gesprochen. Dies erschafft eine kollektive Wirkung, wir verlassen dadurch die Ebene des Individuums und begeben uns in das kollektive *Wir sind*.

Die Bewusstseinsformeln sind alle im selben Rhythmus verfasst. Auch dieser gleich bleibende rituelle Rhythmus versetzt uns in die Lage, die Programmierungen der Matrix bewusst zu verändern. Ziel dieser Neuprogrammierung wird es immer sein, sich der vollkommenen Gestalt der Urmatrix wieder anzunähern.

Durch die rituellen Sprüche der Bewusstseinsformeln entsteht ein kollektives Bewusstseinsfeld.

Daraus erhalten wir die Fähigkeit, die Matrix mit Absicht und bewusst zu verändern.

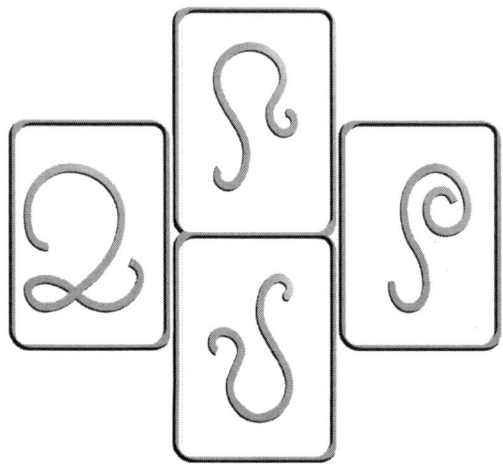

DAS HAUS DER GEBURT

Jeder Entwicklungszyklus beginnt im Haus der Geburt.
Wir treten aus der Geborgenheit des Kollektivs heraus und finden uns in einer individuellen Wirklichkeit ein. Wir verlassen das Paradies der kollektiven Geborgenheit und begeben uns auf eine lange Reise.

Das Abenteuer beginnt mit einem mächtigen Startimpuls, der bereits alle Möglichkeiten beinhaltet. Aber noch keine dieser Möglichkeiten hat eine reale Form angenommen.
Es liegt an uns, die Kraft des Anfangs zu begreifen und daraus eine konkrete, nachhaltig sinnvolle Form zu gestalten.
Es liegt an uns, unser individuelles Sein zu begreifen und jene großartige Kraft zu erkennen, die uns ursprünglich zugrunde liegt.

Die Bewusstseinsformel:
Im Anfang der Zeiten
beginnt alle Kraft.

1, ALUEF

Im Haus der Geburt mit der Kraft der Initiation.

Das Zeichnen des Zeitsiegels:
Links unten beginnen.

Die Wirkung auf die Matrix:
Wir erinnern uns an unsere **ureigene Kraft**.
Das gibt uns **Mut**.

Vor schwierigen Situationen, die für uns mit Ängsten und Unsicherheiten behaftet sind, können wir dieses Symbol mehrfach vor uns in den Raum zeichnen und die Bewusstseinsformel dazu sprechen. Dies stärkt unser Selbstvertrauen und richtet uns innerlich auf.

Bei einem **Neubeginn** jeder Art wirkt das Symbol ALUEF stärkend und Erfolg verheißend. Wenn wir vor einem Neubeginn stehen, so können wir die Situation möglichst klar und eindeutig auf ein Blatt Papier schreiben (z. B. „Schulanfang", „neue An-

Archetypische Bilder:
Der Startimpuls und der Neubeginn.
Die feurige, impulsive, aufsteigende Kraft.
Männlichkeit.
Mut und Stärke.
Selbstwert.

stellung bei ...", „Eröffnung der Praxis/ des Geschäftes... in ..." usw.). Danach zeichnen wir über diesen Text das Symbol und sprechen die Bewusstseinsformel dazu.

Gemeinsam mit dem Symbol ULUN fördert ALUEF die **Empfängnisbereitschaft**. Die Wahrscheinlichkeit, dass es zu einer Befruchtung kommt, wird erhöht.
Praktische Anwendung:
Vor dem Geschlechtsverkehr zeichnet die Frau das Symbol ALUEF über das Sakralchakra des Mannes dreimal und sagt die Bewusstseinsformel dazu. Das Sakralchakra ist ein Energiezentrum, das sich ca. 4 Finger unterhalb des Nabels befindet.
Danach zeichnet der Mann das Symbol ULUN dreimal (ebenfalls mit Bewusstseinsformel) auf das Sakralchakra der Frau.

Die Bewusstseinsformel:
*Die aufwärts sich drehende
Einkehr im Selbst.*

2, NAAL

Im Haus der Geburt mit der Kraft der Verfeinerung.

Das Zeichnen des Zeitsiegels:
Links unten beginnen.

Die Wirkung auf die Matrix:
Das Symbol NAAL führt uns aus dem ruhelosen Getriebensein in einen inneren Frieden. Wenn wir uns in **Stresssituationen** befinden, können wir dieses Symbol mehrfach vor uns in den Raum zeichnen. In der neu gewonnenen inneren Ruhe finden wir zu unserer Urkraft zurück, um unsere Vorhaben effizient zu Ende bringen zu können.

Archetypische Bilder:
Die spiralige Urform. Das Ohr. Die Geborgenheit des Embryos im Leib der Mutter. Die schützende Hand.

Bei seelischen und körperlichen **Schmerzen** kann NAAL sehr rasch Linderung bringen. Handelt es sich um körperliche Schmerzen, so können wir das Symbol über der schmerzenden Stelle in die Aura des Menschen einzeichnen.
Bei seelischen Schmerzen und bei **Trauer** können wir das Symbol vor uns in den Raum zeichnen, die Bewusstseinsformel sprechen

und danach beide Hände auf das Herzchakra legen.

Auch wenn wir **Geborgenheit in uns** suchen, können wir NAAL vor uns zeichnen und danach beide Hände auf den Brustbereich legen.

NAAL sensibilisiert uns außerdem für die „dahinter liegenden" Gegebenheiten. Wir **hören** in Gesprächen mit anderen Menschen das, was die eigentliche Botschaft des Gesagten ist.

Die Bewusstseinsformel:
Mit wandelnder Schleife
den Ursprung erkannt.

3, DAN

Im Haus der Geburt mit der Kraft der Transformation.

Das Zeichnen des Zeitsiegels:
Links oben beginnen. Die beiden Endpunkte des Symbols zeigen zueinander.

Die Wirkung auf die Matrix:
Dieses Symbol wirkt **entstörend** auf denaturierte **Lebensmittel**. Da die herkömmlichen industriell gefertigten Nahrungsmittel wenig mit Lebendigkeit zu tun haben, empfiehlt es sich, diese energetisch zu beleben. Wir können z. B. nach dem Einkauf das Symbol DAN dreimal über die eingekauften Produkte zeichnen und die Bewusstseinsformel dazu sprechen.
Wenn wir uns bezüglich der Qualität unseres Essens nicht sicher sind, können wir auch über den Teller mit der fertigen Speise das Symbol zeichnen und die Bewusstseinsformel innerlich denken.

Nehmen wir einmal an, dass jeder Mensch mit einem **Lebensplan** diese Welt betritt.

Archetypische Bilder:
Die Erinnerung an den Ursprung.
Das Finden der Urkraft.
Die ursprüngliche Vision.

Will er diesen erkennen, so begibt er sich auf **Visionssuche**. Diese Vision leitet uns durch unser gesamtes Leben und erscheint uns immer dann, wenn wir uns verirrt haben oder in scheinbar ausweglosen, verworrenen Situationen befinden. Wenn wir dann unsere Ursprungsvision wieder finden, erwacht in uns erneut unsere **Urkraft**.

Dies bildet die Grundlage der meisten Einweihungs- und Reinigungsriten und ist somit ein wirksames archetypisches Bild.

Praktische Anwendung:

Wende dich gezielt deiner „Ursprungsvision" zu. Dies geschieht dadurch, dass du mit Absicht danach fragst. Es genügt, wenn du sagst:

„Ich rufe meine Ursprungsvision! Ich lade sie ein, sich mir zu offenbaren!"

Zeichne danach das Symbol DAN und sprich die Bewusstseinsformel dazu.

Wiederhole diesen Vorgang dreimal.

Beobachte in den folgenden 7 Tagen deine Träume. Sofern du dich daran erinnern kannst, schreibe sie dir auf. Beobachte auch, was dir in diesen Tagen im alltäglichen Leben begegnet. Lasse dich darauf ein, dass mehr oder weniger alles (auch wenn etwas „zufällig" geschieht) eine Botschaft für dich beinhalten könnte.

Das ist der Weg, wie deine Ursprungsvision sich dir offenbaren will.

Sie ist für dich eine Quelle der Kraft.

Genieße sie in vollen Zügen!

Die Bewusstseinsformel:
*Aus klärender Tiefe
erneuernd befreit.*

4, ULUN

Im Haus der Geburt mit der Kraft der Vollendung.

Das Zeichnen des Zeitsiegels:
Links oben beginnen.

Die Wirkung auf die Matrix:
Mit diesem Symbolbild tauchen wir in die Tiefe unseres Seins hinab. Es erinnert uns daran, dass unser tiefster Urgrund kraftvoll und gesund ist. Er trägt in sich eine geheime, stille Kraft, ein smaragdgrünes Leuchten, das dann erwacht, wenn wir den Urgrund berühren. Dieses Leuchten steigt dann aus unserer Tiefe empor, durchdringt alle Schichten unseres Seins, klärt und reinigt sie.
Diese Klärung schenkt uns eine erneuernde Befreiung.

Archetypische Bilder:
**Der tiefe Urgrund. Das heilsame Leuchten aus der Tiefe des Urgrundes.
Die nährende Urmutter.**

Praktische Anwendung:
Es geht vor allem um die **Auflösung von Ängsten, Schocks und Traumatas**. Zeichne dazu das Symbol mehrfach vor dich hin und wiederhole die Bewusstseinsformel.

Lass währenddessen vor deinem inneren Auge folgendes Bild entstehen: Aus deinem tiefsten Inneren steigt ein kraftvolles smaragdgrünes Leuchten auf. Es durchdringt all deine Schichten und klärt sie. Das Leuchten kehrt immer und immer wieder, solange, bis dein gesamter Urgrund gänzlich davon durchflutet ist.

Gemeinsam mit dem Symbol ALUEF erhöht ULUN die Wahrscheinlichkeit, dass es zu einer **Empfängnis** kommt. ALUEF ist dabei das Symbol für den Mann, ULUN jenes für die Frau. Für die genaue Beschreibung siehe 1, ALUEF.

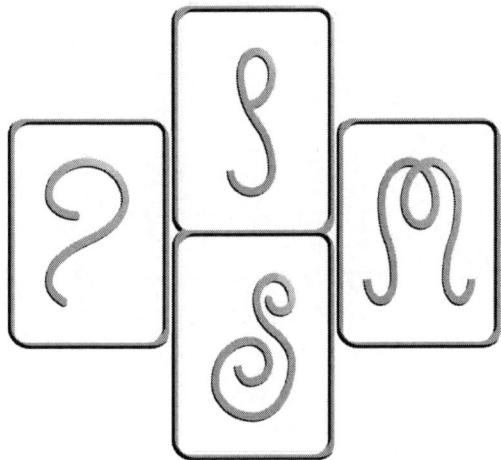

DAS HAUS DES BEWUSSTSEINS

Nachdem die Geburt vollzogen ist, geht es im zweiten Akt der Entwicklungsgeschichte um das Erwachen des Bewusstseins.

Im vorgeburtlichen kollektiven Sein kannten wir das *Wir sind*. Durch die nun stattfindende Erfahrung des *Ich bin* wird unser Bewusstsein geschult und erweitert.

Unsere Herausforderung besteht darin, im *Ich bin* unsere Kraft zu finden und zu begreifen, dass wir in diesem Spiel einer gänzlich andersartigen, großartigen Wesenheit begegnen – der *Mutter Erde*. Nur wenn wir diese Wesenheit als lebendig und bewusst verstehen, erschließt sich uns das Haus des Bewusstseins in seiner komplexen Schönheit.

Die Bewusstseinsformel:
*In klarem Bewusstsein
der Mensch neu erwacht.*

5, INTI

Im Haus des Bewusstseins mit der Kraft der Initiation.

Das Zeichnen des Zeitsiegels:
Links unten beginnen.

**Archetypische
Bilder:**
**Die Idee, der Logos.
Der erfrischende
neue Wind.
Nach dem Auflösen
der Nebelfelder
tritt Klarheit ein.**

Die Wirkung auf die Matrix:
Was ist zu tun? Worin besteht der nächste
Schritt? Bei solchen Fragestellungen ist es
hilfreich, das Symbol INTI zu zeichnen und
die Bewusstseinsformel zu sprechen. Dies
bringt innere Klärung.
Dasselbe gilt, wenn es darum geht, **kom-
plexe Zusammenhänge zu durchschauen**.
Dies kann in Prüfungssituationen sein, bei
Herausforderungen im Berufsleben, oder bei
Problemen in zwischenmenschlichen Bezie-
hungen.

Wenn wir **eine Idee** brauchen, um ein konkretes Problem zu lösen, hilft folgende
Übung:
Formuliere die Problemstellung möglichst
klar und konkret. Schreibe dies auf ein Blatt

Papier. Zeichne dann das Symbol INTI darüber und sprich die Bewusstseinsformel dazu. Wiederhole diesen Vorgang dreimal. Wende dich danach von diesem Problem ab und beschäftige dich für zumindest 15 Minuten mit etwas gänzlich anderem. Wenn du dich danach der gestellten Aufgabe wieder zuwendest, wirst du höchstwahrscheinlich völlig neue Ideen und Gedanken dazu finden.

Wenn wir uns körperlich müde und erschöpft fühlen, können wir das Symbol INTI dreimal rasch hintereinander knapp vor unserem Körper zeichnen. Dies erfrischt, macht munter, gibt uns Mut und stärkt uns.

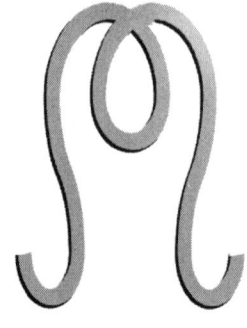

Die Bewusstseinsformel:
*Mit sicherer Kraft
in stabiler Gestalt.*

6, MAAN

Im Haus des Bewusstseins mit der Kraft der Verfeinerung.

Das Zeichnen des Zeitsiegels:
Links unten beginnen.

Archetypische Bilder:
Selbstsicherheit und innere Stabilität.
Der feste, sichere Stand.
Die Verwurzelung, der mächtige Baum.

Die Wirkung auf die Matrix:
Das Symbol MAAN ist vor allem dann hilfreich, wenn wir dazu neigen, uns von anderen manipulieren zu lassen. Wir sprechen von **Fremdbestimmung**, wenn wir uns durch unsere Umwelt sehr leicht aus der Fassung bringen lassen, wenn wir die eigenen Gedankengänge und die eigenen inneren Bilder aufgeben und sie durch die Gedanken und Bilder anderer ersetzen, oder wenn wir einen „Führer" suchen, der uns sagt, was wir zu tun und zu denken hätten. Der Unterschied zwischen einem „Führer" (viele „Meister" und Gurus sind solche Führer) und einem guten Lehrer ist einfach erklärt:
Ein Führer sagt, wie wir unser Leben zu führen hätten. Weichen wir davon ab, so hätte dies schwerwiegende Folgen für uns (oder

für unser Seelenheil). Der von ihm vorgeschriebene Weg wäre der einzig wahre.

Ein guter Lehrer hingegen zeigt einen möglichen Lebensweg auf, lässt aber dem anderen gänzlich frei, in wieweit er diesen oder einen anderen Weg wählt. Ein guter Lehrer bringt seine Lehrinhalte gänzlich *offen* dar.

Ein guter Lehrer setzt Impulse, welche die Menschen zu sich selbst führen, während ein „Führer" versucht, den Menschen aus seiner eigenen Mitte zu entfernen, um ihn entsprechend manipulieren zu können.

Das Symbol MAAN löst die Wirkung jeder manipulierender Fremdbestimmung auf. Zeichne dazu das Symbol vor dir in den Raum und sprich die Bewusstseinsformel. Siehe auch beim *9. Codon zur Befreiung von Fremdbestimmung* nach.

Durch die Stärkung des Selbstwertes können Fremdbestimmungen aufgelöst werden.

Ein damit zusammenhängender Bereich ist der **Selbstwert**. Je weniger Selbstwert ein Mensch für sich empfindet, umso leichter ist er für Manipulationen anfällig. Ein gänzlich in sich ruhender Mensch ist für solche Kräfte völlig immun.

Das Symbol MAAN gibt Stabilität, verbindet uns mit der Kraft der Erde und stärkt so unsere Selbstsicherheit.

Auch als **Lernhilfe** kann MAAN ausgezeichnete Dienste leisten, da Lernerfolg eindeutig mit Selbstsicherheit zu tun hat. Dazu zeichnet man vor dem Lernen und während der Lernpausen jeweils dreimal das Symbol vor sich in den Raum und spricht die Bewusstseinsformel dazu.

Wenn es dann darum geht, das Gelernte bei einer Prüfung zu beweisen, bringt das Zeichnen des Symbols (z. B. vor der Prüfung) innere Sicherheit und Erfolg.

Die Bewusstseinsformel:
Im Rhythmus der Erde
die klärende Kraft.

7, HOL

Im Haus des Bewusstseins mit der Kraft der Transformation.

Das Zeichnen des Zeitsiegels:
Von oben nach unten zeichnen.

Die Wirkung auf die Matrix:
Das Symbol HOL leitet ab und fördert die **Loslassensprozesse.**
Wenn wir uns von einem Menschen oder von etwas, das uns wichtig war, verabschieden müssen, können wir mehrfach HOL vor uns zeichnen und seine Bewusstseinsformel dazu sprechen. Dies unterstützt uns bei der **Trauerarbeit** und klärt wieder unseren Geist.

Bei **Hyperaktivität** und bei überschüssigen Kräften, genauso bei **Wut und Zorn** wirkt das Zeichnen von HOL auf uns ausleitend und befreiend.

Auf der körperlichen Ebene kann dieses Symbol **Erleichterung bei Entzündungen** und bei **Schmerzen** bringen. Wir zeichnen

Archetypische Bilder:
Pulsschlag und Rhythmus der Mutter Erde.
Die sichere Navigation.
Das Loslassen.

das Symbol dreimal über der entsprechenden Körperstelle in die Aura des Menschen.

Wenn wir uns an einem unbekannten Ort zurechtfinden wollen, fördert HOL unseren **Orientierungssinn**. Wir erhalten einen besseren Überblick, eine bessere Wahrnehmung (vor allem auf der intuitiven Ebene) über die örtlichen Gegebenheiten. HOL symbolisiert in diesem Zusammenhang einen Wanderstab, der mit dem Ort über die Wesenheit *Mutter Erde* in Verbindung tritt.

Eine **Raumreinigung** kann gemeinsam mit ELIM und OOM durchgeführt werden.
Dieses Ritual klärt einen Raum vor allem dann, wenn sich darin dramatische Geschehnisse, Streit oder Schmerz ereignet haben. Solche Ereignisse speichern sich in Räumen wie energetische Spuren ab.
Praktische Anwendung:
Zeichne das Symbol ELIM in den Raum. Das öffnet das energetische Feld des Raumes.
Zeichne danach mehrfach das Symbol HOL in den Raum, besonders in die Ecken und Nischen, und sprich mehrfach die Bewusstseinsformel dazu.
Öffne danach alle Fenster und Türen des Raumes, sodass alles „abziehen" kann.
Nach ca. 10 Minuten zeichne in die Mitte des Raumes das Symbol OOM, welches die Klarheit des Raumklimas stabilisiert.

Das Symbol HOL wirkt **empfängnisverhütend**. Das bedeutet, dass die Wahrscheinlichkeit für eine Schwangerschaft *reduziert*, nicht aber 100%ig verhindert wird (Eine 100%ige Empfängnisverhütung gibt es übrigens gar nicht!). Dabei symbolisiert HOL einen „Wanderstab", der jenes Wesen, das inkarnieren will, den Weg zu alternativen Inkarnationsmöglichkeiten zeigt.

Die Bewusstseinsformel:
*Spiralige Drehung
harmonisch und schön.*

8, LUMAN

Im Haus des Bewusstseins mit der Kraft der Vollendung.

Das Zeichnen des Zeitsiegels:
Mit der unteren Spirale beginnen.

Die Wirkung auf die Matrix:
Das hauptsächliche Wirkungsfeld von LUMAN liegt in der **Harmonisierung und Ausgleichung**. Während es mit dem Symbol NAAL (das vom Aufbau her LUMAN ähnelt) gelingt, Stress abzubauen, neutralisiert LUMAN innere Unruhe jeder Art. Wenn wir innerlich aufgewühlt sind, können wir dieses Symbol gemeinsam mit seiner Bewusstseinsformel anwenden.

Wenn uns eine Situation in unserem Leben ausweglos erscheint und wir nichts mehr klar entscheiden können, kann uns LUMAN aus der Verwirrung entheben. Wir erheben uns, wir beziehen einen **neutralen höheren Standpunkt** und betrachten das Ganze „von oben". Aus dieser Adlerperspektive betrachtet können wir die Dinge neutraler und kla-

Archetypische Bilder:
Die doppelte Spirale.
Harmonisierung und Ausgleichung.
Die Perspektive des Adlers.
Die Hyperkommunikation mit dem kollektiven Bewusstsein.

rer begreifen und mögliche Lösungen erkennen. Es kann dabei durchaus hilfreich sein, wenn wir uns tatsächlich auf einen Tisch stellen, dort oben das Symbol in den Raum zeichnen und die Bewusstseinsformel dazu sagen.

Ein weiteres Phänomen kann gemeinsam mit LUMAN auftreten. Wir finden uns bei wiederholter Anwendung des Symbols und seiner Bewusstseinsformel in einem Bewusstseinskollektiv wieder. Die meisten Traditionen der Naturvölker bezeichneten dieses kollektive Bewusstsein als „die Ahnen" oder als „das Reich der Götter". Wir können es aus unserem heutigen Verständnis als das *Bewusstseinskollektiv Mensch* begreifen, oder zumindest als Teile dieses Kollektivs. Wenn wir uns mit diesem Kollektiv bewusst in einer Art Hyperkommunikation verbinden, haben wir zu einem Wissen Zugang, das sich dem individuellen Bewusstsein nicht erschließt.

Der konkrete Zugang:

Richte dich auf das *Bewusstseinskollektiv Mensch* mit Absicht aus.

Sage z. B.: „Ich verbinde mich mit dem Bewusstseinskollektiv Mensch – jetzt."

Zeichne LUMAN vor dir in den Raum und sprich die Bewusstseinsformel dazu.

Finde dich in einer entspannten, ruhigen Haltung ein. Lass dabei jedenfalls die Augen offen. Erwarte nichts Bestimmtes. Lass das geschehen, was sein will.

Eine ähnliche Methode wird beim *43. Codon „Wir sind"* beschrieben.

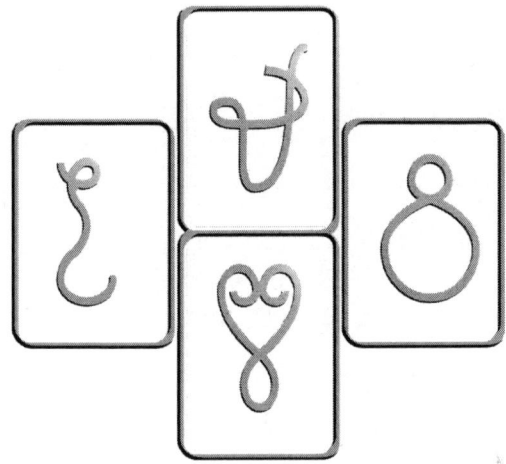

DAS HAUS DER KUNST UND SCHÖNHEIT

Nachdem die Ebenen des Bewusstseins durchwandert wurden, wendet sich im dritten Akt der Entwicklungsgeschichte der Geist den schönen Dingen zu.

Der Entwicklungszyklus erreicht seinen Höhepunkt.

Die Sinnlichkeit und der Sinn für die Schönheit treten ins Zentrum des Interesses.

Es ist die Zeit der Hochblüte.

Auf der Ebene der Kunst wird Großartiges vollbracht.

Die Bewusstseinsformel:
Aus drehenden Kreisen
ein sinnlicher Klang.

9, VLAM

Im Haus der Kunst und Schönheit mit der Kraft der Initiation.

Das Zeichnen des Zeitsiegels:
Mit dem linken der beiden oberen Linienenden beginnen.

Archetypische Bilder:
Der ins Wasser fallende Stein schafft ein Wellenmuster aus sich drehenden Kreisen.
Der himmlische Klang.
Die sinnliche Schönheit.
Das Paradoxon in der Zeit, die Zeitreise.

Die Wirkung auf die Matrix:
Die Bildsprache des Symbols zeigt die Bewegung des ins Wasser fallenden Steines und den ersten Kreis jenes Wellenmusters, das zu entstehen beginnt.
Gezeichnet wird allerdings *zuerst* der Kreis (also zuerst das Ergebnis) und *danach* erst die Bewegung des Steines. Auch die Bewegungslinie des fallenden Steines wird von unten nach oben gezeichnet – auch hier gehen wir im Zeitverlauf zurück.
Das symbolisiert ein zeitliches Paradoxon, eine **Zeitreise** in die Vergangenheit oder in die Zukunft.

Praktische Übung:
Wenn wir Ereignisse aus unserer **Vergangenheit erlösen** wollen (weil sie für uns mit

Schmerz, Trauer behaftet sind, oder weil sie uns Leid tun), können wir mit dem Symbol VLAM der Zeitlinie entlang zurückkreisen.

Stell dir vor, wie sich alle Ereignisse deines Lebens entlang einer Zeitlinie aneinander reihen. Stelle dir vor, dass du diese Zeitlinie „von oben" siehst. Versuche auf dieser Linie manche wichtigen Ereignisse zu erkennen.

Zeichne nun mehrmals VLAM über diese Linie und verwende die Bewusstseinsformel. Dies verschafft dir eine größere Beweglichkeit entlang dieser Zeitlinie.

Begib dich nun zu dem Punkt deiner Vergangenheit, den du befreien und erlösen möchtest.

Verweile an diesem Punkt.

Zeichne dreimal gemeinsam mit der Bewusstseinsformel das Symbol VLAM über diesen Zeitpunkt oder Zeitraum.

Die Energiemuster, die sich in deiner Erinnerung an diese Zeit abgespeichert haben, werden verwandelt. Lass es zu, dass diese Verwandlung deiner Vergangenheit stattfindet.

Entlasse die „alte" Vergangenheit!

Leichtigkeit tritt ein.

Drehe dann um und kehre wieder in die Gegenwart zurück.

Wir können mit VLAM entlang einer Zeitlinie sowohl auf die Vergangenheit, als auch auf die Zukunft einwirken.

Wir können mit VLAM auch unsere **Zukunft gestalten**. Siehe dazu das *Codon 14, Gestaltung der Zukunft.*

Ein weiteres Wirkfeld von VLAM liegt in der **Auflösung von Depressionen**. Es genügt dafür, wiederholt das Symbol vor sich in den Raum zu zeichnen und die Bewusstseinsformel zu sprechen. Wir erinnern uns dadurch an die uns zugrunde liegende Lebensfreude, die Lust am Leben.

Ein weiterer Aspekt von VLAM liegt im Zugang zu **Erotik und Sinnlichkeit**. Siehe dazu die Codes *17, Reinigung der Sinnlichkeit, 18 der Weg zur Sinnlichkeit*, sowie *19, Erotik und Hingabe*.

VLAM symbolisiert außerdem eine Kraft, welche in uns die **Beziehung** zwischen der intuitiven **weiblichen Ebene** und der analytischen **männlichen Ebene harmonisiert**. Daher gelingt uns ein gleichzeitiger Zugriff auf beide Bereiche; das fördert jede kreative Tätigkeit.

Die Bewusstseinsformel:
*Aus kosmischer Quelle
die hilfreiche Kraft.*

10, KLER

Im Haus der Kunst und Schönheit mit der Kraft der Verfeinerung.

Das Zeichnen des Zeitsiegels:
Oben in der Mitte und nach rechts drehend beginnen. Die Schleife dreimal hintereinander zeichnen.

Die Wirkung auf die Matrix:
Dieses Symbol hilft uns, eine **Idee konkret werden** zu lassen, sie in die Realität zu bringen. Es werden dabei die **hilfreichen Kräfte** „von oben" eingeladen, unsere Idee mit Wohlwollen zu umhüllen und sie auf die Erde zu begleiten.
Daher beginnt man das Zeichnen oben, zieht „zur Erde", in die irdische Realität herunter, kehrt wieder in die transzendenten Ebenen nach oben zurück, um sich neue Kraft für die irdische Realität zu holen.

Archetypische Bilder:
Die hilfreichen Kräfte aus transzendenter Ebene. Der „Schutzengel". Die Verwirklichung der Idee. Der Same fällt in fruchtbare Erde.

Praktische Anwendung:
Wenn du eine Idee konkret verwirklichen möchtest, schreibe diese Idee möglichst genau auf ein Blatt Papier.

Lege es vor dir auf.

Zeichne darüber das Symbol 17, ELIM, um das Energiefeld deiner Idee zu eröffnen.

Zeichne dann das Symbol KLER mehrfach darüber. Zeichne dabei KLER aufrecht (vertikal), damit symbolhaft die Kraft „von oben" auf deine Idee übergeht.

Stabilisiere dies zum Abschluss mit dem Symbol 20, OOM.

Beobachte in den nächsten Tagen, wie sich dies auf deine Idee auswirkt. Es kann sehr wohl sein, dass sich deine Idee an die konkreten Erfordernisse, an die irdischen Bedingungen anzupassen beginnt. Lass diese Veränderungen innerlich zu! Du arbeitest mit der Kraft der „Verfeinerung"!

Über das Symbol KLER können wir Informationen für unser konkretes Leben aus transzendenter Ebene abrufen. Während wir uns mit dem Symbol LUMAN in die transzendente Ebene hineinbegeben können, bringen wir mit KLER die Information dieser Ebenen auf die Erde.

Wir können dies durchaus als **Kommunikation mit unseren kosmischen Begleitern** interpretieren.

Stelle dazu eine Frage, die dich beschäftigt, in den Raum.

Zeichne dann dreimal KLER und sage seine Bewusstseinsformel.

Du kannst KLER auch mit dem Symbol LUMAN kombinieren, indem du abwechselnd eines der beiden Symbole zeichnest und die entsprechende Bewusstseinsformel dazu sprichst.

Beobachte danach, was dir zu deiner Frage einfällt. Dies ist eine Antwort auf deine Frage. Wenn du dabei nicht zu sehr an dich selbst denkst, sondern dich zurücknimmst, wird diese Antwort unverfälscht, rein und klar sein.

Weitere Methoden zur Kommunikation mit kollektiven Bewusstseinsebenen findest du bei den Codons *38, Erkenntnis und geistige Klärung*, sowie *39, Die Reise hinter den Horizont*.

Die Bewusstseinsformel:
*Mit tanzenden Rhythmen
kehrt Leichtigkeit ein.*

11, Sem

Im Haus der Kunst und Schönheit mit der Kraft der Transformation.

Das Zeichnen des Zeitsiegels:
Oben beginnen.

Die Wirkung auf die Matrix:
Das Wirkungsfeld von SEM umfasst alle Themen der Lebendigkeit und der Leichtigkeit.

Wenn wir uns träge fühlen, uns nicht aufraffen können oder depressiv verstimmt fühlen, hilft folgende Übung:
Zeichne das Symbol SEM mehrfach vor dir in den Raum. Mache es im stehen und bewege dich dabei. Achte beim Zeichnen darauf, dass du den unteren Bogen weiter auslaufen lässt, als die obere Schlaufe.
Zeichne das Symbol immer und immer wieder und sag die Bewusstseinsformel dazu.
Du findest dich dadurch nach und nach in einem tanzenden Rhythmus ein.

Archetypische Bilder:
Die sinnlich schöne Tänzerin.
Die Leichtigkeit.
Das Einhauchen der Lebendigkeit.

Die Bewusstseinsformel:
Vollendete Schönheit
in wahrer Gestalt.

12, BRAHM

Im Haus der Kunst und Schönheit mit der Kraft der Vollendung.

Das Zeichnen des Zeitsiegels:
Mit der linken Spirale beginnen.

Archetypische Bilder:
Die Herzenswärme, das Herz.
Die Verbindung von Bewusstsein zu Bewusstsein.

Die Wirkung auf die Matrix:
Das Symbol BRAHM wirkt **harmonisierend auf Partnerschaften** und fördert dort alles, was mit Herzenswärme zu tun hat.
Dazu setzen sich die beiden Partner gegenüber.
Der eine beginnt und öffnet mit 17, ELIM das Energiefeld des Partners, indem er es in die Aura seines Partners zeichnet.
Nun überträgt er in das Energiefeld seines Partners das Symbol BRAHM und spricht die Bewusstseinsformel dazu. Das wiederholt er dreimal. Er stellt sich dabei vor, wie sich von Herz zu Herz eine Brücke aufbaut.
Zum Abschluss stabilisiert er diese Übertragung mit 20, OOM.
Danach werden die Rollen getauscht.

Auf einer transzendenteren Ebene können wir mit Brahm in eine **Kommunikation mit kollektiven Bewusstseinsebenen** eintreten. Diese Kommunikation findet auf der Herzensebene statt. Wir verwenden dazu Brahm in Kombination mit dem Symbol Kler.

Die Übung haben wir bei Kler genau beschrieben.

DAS HAUS DES ÜBERGANGS

Wir befinden uns im vierten Akt der Entwicklungsgeschichte. Die Individualisierung wurde durchwandert und der Höhepunkt überschritten.

Nun wird die Rückkehr in das kollektive Sein vorbereitet.

Die Ego-Strukturen werden geklärt.

Das *Ich bin* findet sich in voller Bewusstheit im *Wir sind* ein.

Der Zielpunkt der Reise liegt hinter dem sichtbaren Horizont, dort, wo das individuelle Sein in das kollektive Sein einfließt, dort, wo Himmel und Erde einander durchdringen.

Die Bewusstseinsformel:
Den Anker gelöst
zyklisch fließend und frei.

13, ÖCHIM

Im Haus des Übergangs mit der Kraft der Initiation.

Das Zeichnen des Zeitsiegels:
Rechts oben beginnen.

Die Wirkung auf die Matrix:
Ein bedeutsamer Wirkungsbereich von ÖCHIM liegt darin, **Blockaden** aufzulösen. Verändert wird dabei unsere innere Haltung gegenüber jener Situation, die wir als blockiert erleben. ÖCHIM fördert unsere innere Bereitschaft, **loszulassen**, unsere Vorstellungen aus dem Geschehen zurückzunehmen und neue Sichtweisen zuzulassen.
Wenn ein Vorhaben, ein Projekt, ein Geschäft usw. nicht mehr richtig fließt, sondern zum Stillstand gekommen ist, hilft folgende
praktische Übung:
Benenne das Vorhaben möglichst klar und schreibe es auf ein Blatt Papier. Formuliere dabei den positiven, frei fließenden Zustand, wie z. B.: „Erfolg und Freude bei meiner Tätigkeit als…".

Archetypische Bilder:
Das Lösen des Ankers.
Am Anfang einer weiten Reise. Freie Fahrt.
Der lebendige Kreislauf, das zyklische Fließen.

Zeichne dann mit der offenen Hand über diesen Text das Symbol Öchim und sprich die Bewusstseinsformel dazu, dreimal.

Lege dann das Blatt Papier an einem schönen Ort (z. B. in einer schönen Schale) ab.

Wiederhole dieses kurze Ritual innerhalb der nächsten Tage mehrmals.

Beobachte dabei, welche neuen Ideen dir kommen oder dir von Außen zugetragen werden.

Wenn wir das Symbol am Anfang einer Reise oder einer langen **Autofahrt** vor uns in den Raum zeichnen, so wirkt dies wie ein **beschützender** Segen. Es symbolisiert weiters „freie Fahrt" – ohne Stau und ohne Komplikationen.

Eine weitere Anwendungsmöglichkeit von Öchim liegt darin, den persönlichen **Geldfluss** oder den einer Firma zu aktivieren. Zeichne das Symbol über deine Geldtasche, deine Kontoauszüge oder über eine Kassa.

Weitere Methoden dazu findest du beim Codon *12, Nachhaltiger Erfolg.*

Ein weiterer Aspekt von Öchim liegt in darin, uns bei **Übergängen** jeder Art zu unterstützen. Wenn uns der Mut für den Beginn eines neuen Lebensabschnittes fehlt, so gibt uns die Anwendung von Öchim den nötigen **Startimpuls**. Dies gilt besonders für folgende Lebenssituationen:

> ➢ Schulbeginn
> ➢ beginnende Pubertät
> ➢ Loslösung vom Elternhaus (von Seiten des Kindes, als auch von Seiten der Eltern)
> ➢ Loslassen eines Partners
> ➢ Loslassen eines Berufes

Siehe auch Codon *34, die Initiation des Überganges.*

Die Bewusstseinsformel:
Den Kurs korrigierend
auf offener See.

14, RIL

Im Haus des Übergangs mit der Kraft der Verfeinerung.

Das Zeichnen des Zeitsiegels:
Links unten beginnen.

Die Wirkung auf die Matrix:

Archetypische Bilder:
Die Kurskorrektur.
Die Erinnerung an die Eigenfrequenz.

Unser individuelles Leben kann niemals als etwas abgetrenntes Einzelnes verstanden werden. Allein durch unsere Existenz wirken wir auf unser Umfeld und erleben an uns äußere Einwirkungen. Wir sind Teil eines großen Spiels. Wir verstehen das Leben jedes einzelnen als Teil eines großen Netzwerks komplexer Vorgänge und Ereignisse. Innerhalb dieser Verwobenheit kann unser individuelles Leben erblühen und sich entfalten – innerhalb eines gewissen Lebensplans, der auf Entfaltung und auf Bewusstwerdung ausgerichtet ist.

Entfernen wir uns aus diesem Lebensplan (z. B. durch einen „falsch" gewählten Beruf), so spüren wir, dass „**etwas nicht stimmt**". In solchen Situationen kann RIL **kurskorrigierend** auf uns wirken.

Praktische Übung:

Blicke einmal zurück auf den Weg, der dich bis hierher gebracht hat.

Du bist mit diesem oder jenem nicht zufrieden.

Eine Kurskorrektur scheint angebracht zu sein.

Eine Kurskorrektur ist jederzeit möglich.

Zeichne vor dir das Symbol RIL in den Raum und sprich die Bewusstseinsformel dazu. Wiederhole dies dreimal.

Das Zeichen RIL symbolisiert folgendes Bild:

Du befindest dich auf hoher See. Du bist der Steuermann auf einer langen Fahrt. Die Gedanken an vergangene Ereignisse haben dich beschäftigt und beeinflusst. Sie haben dich von deinem eigenen Kurs abgebracht.

Nun blickst du auf diese Vergangenheiten zurück. Du siehst sie dir direkt an. Du siehst nochmals jenen Hafen, an dem deine Reise begonnen hat. Und du entlässt nun das, was war, gänzlich aus deinem Sein.

Du richtest dich aus auf das Ziel, das vor dir liegt.

So findest du wieder deinen ureigenen Weg, der verwoben ist mit dem großen Ganzen.

Die Kurskorrektur ist gelungen.

Ein weiteres Wirkfeld von RIL liegt in der Erinnerung an die **„Eigenfrequenz"**. Jeder Mensch hat seinen eigenen inneren Rhythmus, sein eigenes „inneres Lied". Jede Art von Manipulation besteht darin, dieses Lied zu stören und durch äußere, fremde Frequenzen zu ersetzen. Dies entfernt jene Menschen, die sich manipulieren lassen, aus ihrem eigenen Lebensplan und macht sie (ohne eigenes Bewusstsein) lenkbar.

RIL hebt diese Fremdbestimmungen auf, indem es uns an die Eigenfrequenz erinnert. Bereits das bewusste Zeichnen des Symbols kann gemeinsam mit der Bewusstseinsformel diese Erinnerung in uns auslösen. Eine weitere Methode haben wir beim 9. Codon zur *Befreiung von Fremdbestimmung* beschrieben.

Die Bewusstseinsformel:
*Den Samen bewegt die
verwandelnde Kraft.*

15, YSIR

Im Haus des Übergangs mit der Kraft der Transformation.

Das Zeichnen des Zeitsiegels:
Links oben beginnen.

Die Wirkung auf die Matrix:
Das Zeichen YSIR symbolisiert das folgende Bild:
*Der Same wird bewegt.
Nicht er ist es, der den Weg bestimmt.
Der Ort, an dem er aufgehen wird,
zieht ihn mit Bewusstheit an.*

Archetypische
Bilder:
**Die Transformation
von Egostrukturen.
Der Übergang ins**
Ich bin im Wir sind.

Wir sprechen von einem überzeichneten Ego und von **Egostrukturen** dann, wenn ein Mensch ein (inneres) Wertesystem erfindet, in dem er selbst über alle Maßen besser dasteht als alle andere Menschen. Die Ursachen dieser Haltung liegen in einem mangelnden Selbstwert und in einem massiven Selbstwertproblem. Dies führt ihn in eine Isolation, da er den Wert eines anderen Menschen nicht mehr schätzen kann – und sich nicht mehr als Teil eines kollektiven Bewusstseins begreift. Dies erzeugt in ihm eine starke Selbstbezogenheit und eine Trennung, eine Isolation, die bis zu einer Depression führen kann.

YSIR entbindet uns aus dieser Selbstbezogenheit und führt uns wieder in die **Wahrnehmung kollektiver Bewusstseinsebenen** ein.

YSIR symbolisiert den Eintritt des Individuums in die Ebenen des *kollektiven Bewusstseins*. Die Individualität – das *Ich bin* - bleibt dabei völlig erhalten. Egostrukturen (isolierende und einseitig wertende Eigenschaften) werden aber abgeschliffen.

Wir begreifen uns als Teil eines Kollektivs, in das wir einverwoben sind, dem wir *mit der Größe unseres individuellen Bewusstseins* angehören. Dies bezeichnen wir mit der Formel *Ich bin im Wir sind*. Wir verstehen unter einem Kollektiv in diesem Zusammenhang keinesfalls eine blinde Masse, die sich manipulativ von „Führern" oder „Meistern" lenken lässt. Wir verstehen unter einem *Bewusstseinskollektiv* vielmehr die bewusste Vernetzung einzelner Individuen zu einer großen Einheit, das nicht von einem oder von einzelnen gelenkt wird, sondern das sich selbst bestimmt, aus sich heraus, ganz ohne Gesetze und ohne Abstimmungen. Einem entwickelten Bewusstseinskollektiv gelingt dies über eine relativ feinstoffliche Kommunikationsebene, die auch als *Hyperkommunikation* bezeichnet wird und durchaus wissenschaftlich feststellbar ist.

Solch weit entwickelte Bewusstseinskollektive kennen wir bei den Delfinen, die uns Menschen diesbezüglich um einiges voraus sind. Dennoch verstehen wir jeden einzelnen Menschen als Teil des großen *Kollektivs Mensch*. Im Unterschied zu den

Delfinen sind wir uns dessen nur nicht (oder nur geringfügig) bewusst.

Das Symbol YSIR führt uns in eine Wahrnehmung dieses Bewusstseinskollektivs wieder ein. Jene Kräfte, die in überzeichneten Egostrukturen in uns gebunden sind, werden freigesetzt und *verwandelt*. Dadurch entsteht in uns eine *Selbstfreiheit*, über die wir wieder mit dem Kollektiv in eine bewusste Verbindung treten können.

Zeichne dazu das Symbol YSIR dreimal vor dir in den Raum und sprich die Bewusstseinsformel dazu. Wiederhole dies täglich über mindestens eine Woche hinweg. Es kann dadurch in dir einiges in Bewegung kommen, da die Egostrukturen sehr mächtige Kräfte sind. Dennoch – YSIR hat eine sehr starke Tiefenwirkung, die alles, was derart in uns gebunden ist, freisetzen und umwandeln kann.

Ein weitere Übung findest du dazu im 43. Codon *Wir sind*.

Die Bewusstseinsformel:
*In dreifacher Drehung
den Zielort erreicht.*

16, CHARION

Im Haus des Übergangs mit der Kraft der Vollendung.

Das Zeichnen des Zeitsiegels:
In der Mitte oben und gegen den Uhrzeigersinn drehend beginnen.

Archetypische Bilder:
Das Land hinter dem Horizont.
Die Wirklichkeit hinter der sichtbaren Welt.

Die Wirkung auf die Matrix:
Es gibt hinreichend Indizien dafür, dass der Mensch seine Wahrnehmung nur auf ganz bestimmte Wirklichkeitsebenen eingestellt hat, während er andere einfach ausblendet. Berühmt geworden sind die Ereignisse aus Island, wo Menschen immer wieder mit „Feenwesen" aus einer transzendenten Wirklichkeit konfrontiert werden. Für sämtliche staatlichen Bauvorhaben, besonders im Straßenbau, gibt es daher offizielle Feenberater im isländischen Bauministerium. Straßen umgehen in Island jene Gebiete, in denen Feenwohnungen wahrgenommen wurden.

Offenbar existieren transzendente Welten, die der Mensch in seiner alltäglichen Wahr-

nehmung nicht sieht. Auch das Bewusstseinskollektiv Mensch ist solch eine Wirk-
lichkeitsebene.

Um sich bewusst mit transzendenten Ebenen zu verbinden und um mit diesen eine
Kommunikation aufzunehmen, können wir
CHARION anwenden.
Dies macht Sinn, wenn wir uns mit den so
genannten **Naturwesen** verbinden wollen,
wenn es darum geht, wahrzunehmen, was
bestimmten Pflanzen gut tut oder was z. B.
ein kranker Obstbaum braucht.
Auch eine bewusste Kommunikation mit
dem **Element Wasser** kann uns gelingen,
besonders dann, wenn wir uns liebevoll einem Gewässer (z. B. Teich, See oder Fluss)
zuwenden. Aus solch einer Zwiesprache
können wir bedeutsame Kraft und Lebendigkeit schöpfen.
Solch bewusste Zuwendungen zu Seen oder
Hausteichen, die belastet waren, haben bereits mehrfach zu phänomenalen Reini-
gungseffekten (z. B. zur Befreiung von Al-
genbelastungen) innerhalb kürzester Zeit
geführt.
Genauso können wir uns **hilfreichen transzendenten Kräften** (die in unserem Kulturkreis auch als „Schutzengel" bezeichnet
werden) zuwenden, CHARION führt uns in
diesen Bereich hinter dem Horizont ein.

Praktische Anwendung:
Der Vorgang ist stets derselbe: Wende dich
der transzendenten Ebene bewusst zu, ohne

dabei von vorgegebenen Vorstellungen und Bildern auszugehen. Je weniger du dich dazu zwingst, etwas Konkretes sehen oder hören zu müssen, je weniger du z. B. die Gestalt eines Naturwesens visuell wahrnehmen willst, umso intensiver und klarer kann diese Kommunikation werden. Gehe bloß davon aus, dass es Bewusstsein gibt, das für dich vordergründig nicht sichtbar ist.

Zeichne dann das Symbol Charion vor dir in den Raum (oder z. B. über einen Baum oder über einen See) und sprich die Bewusstseinsformel dazu, dreimal.

Lass dich nun auf die Gegebenheiten ein und werde innerlich still.

Eine weitere Anwendung von CHARION besteht in der **Entdeckung neuer Ideen** und Sichtweisen. Verwende dazu das 40. Codon zur *Entdeckung neuer Sichtweisen* (Beschreibung und Anwendung siehe dort).

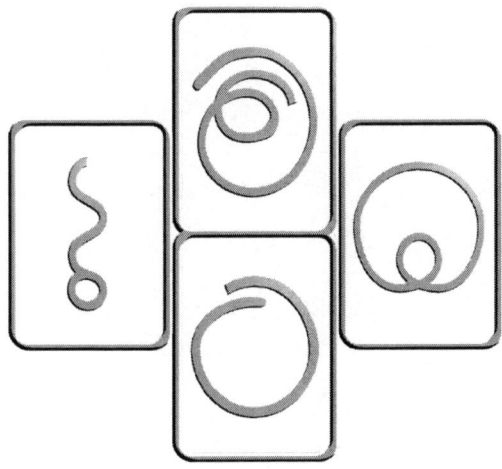

DAS HAUS DER MATRIX

Der Kreislauf vollendet sich im fünften Akt.

Wir verbinden uns mit dem kollektiven Bewusstsein. Dies versetzt uns in die Kraft, die Matrix konkret zu verändern.

Die Matrix ist das Programm, welches die Realität erzeugt. Verändern wir sie, so verändern wir die Realität.

All unsere Erfahrungen, die wir während dieses Entwicklungszyklus gesammelt haben, werden nun, sofern sie für das Gesamtbewusstsein von Nutzen sein können, in den allgemeinen Wissensspeicher der Matrix übertragen.

So ereignet sich eine Bewusstseinserweiterung der Gesamtheit.

Die Bewusstseinsformel:
*Die offene Matrix
das Neue erschafft.*

17, ELIM

Im Haus der Matrix mit der Kraft der Initiation.

Das Zeichnen des Zeitsiegels:
Rechts innen beginnen.

Archetypische Bilder:
Das Öffnen des Tores. Der Schlüssel. Das offene Feld.

Die Wirkung auf die Matrix:
Mit ELIM können wir das **Energiefeld** eines Raumes, eines Ortes oder eines Menschen **öffnen**, wenn wir ein hilfreiches Energiemuster z. B. mithilfe eines Symbols übertragen wollen. Mit dem Symbol 20, OOM hingegen können wir die Übertragung stabilisieren und das Energiefeld wieder schließen. Oder anders ausgedrückt: Wir öffnen durch ELIM die Matrix des Raumes, des Ortes bzw. die persönliche Matrix des Menschen, verändern sie durch unsere Übertragung und schließen sie mit 20, OOM wieder ab.

Praktische Anwendung:
Nehmen wir einmal an, wir wollen uns selbst vor einer schwierigen Aufgabe Mut machen. Wir können dafür das Symbol 1, ALUEF anwenden, können diese Anwendung aber

durch das bewusste Öffnen und das abschließende Stabilisieren des Energiefeldes verstärken.

Zeichne dazu zuerst das Symbol 17, ELIM vor dir in den Raum und sprich die Bewusstseinsformel dazu.

Zeichnen dann das Symbol 1, ALUEF, ebenfalls mit der Bewusstseinsformel, vor dir in den Raum, dreimal. Stelle dir dabei vor, wie das Frequenzmuster von 1, ALUEF, die Information „Mut und Kraft" auf dich übergeht und deine persönliche Matrix verändert.

Verwende zur Stabilisierung dieses Vorganges zum Abschluss das Symbol 20, OOM mit seiner Bewusstseinsformel.

Die Bewusstseinsformel:
*Verkleinert, vergrößert
und sichtbar gemacht.*

18, WAAM

Im Haus der Matrix mit der Kraft der Verfeinerung.

Das Zeichnen des Zeitsiegels:
In der Mitte oben beginnen und nach links
gegen den Uhrzeigersinn drehen.

**Archetypische
Bilder:**
**Wie im Großen, so
auch im Kleinen.
Die fraktale Form.
Die erweiterte
Wahrnehmung.
Der Überblick über
komplexe Situatio-
nen.**

Die Wirkung auf die Matrix:
Unter einer fraktalen Form verstehen wir
den Aufbau von komplexen Strukturen, bei
denen wir die Form des Ganzen in den De-
tails des Ganzen wieder finden können. Dies
erkennt man immer wieder, wenn der Ma-
krokosmos sich im Mikrokosmos abbildet.
So finden wir die kreisende Bewegung der
Planeten um die Sterne in den Atomen wieder: Dort kreisen die Elektronen um den
Atomkern. Genauso bildet sich die Spiral-
form der Galaxie immer wieder ab, wie z.
B. in der spiralig aufgerollten Form unserer
DNA-Moleküle.

WAAM symbolisiert die fraktale Wiederholung der Form und öffnet dadurch unseren

Blick, unsere Wahrnehmungsfähigkeit. Wir begeben uns aus der analytischen individuellen Wahrnehmung heraus und in eine allumfassende, ganzheitliche hinein. Diese allumfassende Wahrnehmung ist jene, die jedem Bewusstseinskollektiv zu Eigen ist.

Wenn wir WAAM mit seiner Bewusstseinsformel anwenden, öffnen wir uns für **neue Ideen** oder **neue Sichtweisen**. Wir lösen uns aus eingesessenen Vorstellungsbildern heraus und gewinnen einen neuen Blick. Praktische Anwendungen findest du bei den Codons *Entdeckung neuer Sichtweisen* und *Erkenntnis und geistige Klärung*.

Eine weitere Anwendung von WAAM liegt darin, unsere **Sehschärfe** auf energetischem Wege zu fördern und zu verbessern. Nimm dir dazu vor, über eine Woche hinweg zumindest einmal täglich WAAM mit der offenen Hand vor dir in den Raum zu zeichnen und die Bewusstseinsformel dazu zu sprechen.

Die Bewusstseinsformel:
*Im Kreise gedreht
und die Matrix geklärt.*

19, SCHAMBA

Im Haus der Matrix mit der Kraft der Transformation.

Das Zeichnen des Zeitsiegels:
Mit dem Kreis beginnen, nach links drehen und in einem Zug nach oben durchzeichnen.

Archetypische Bilder:
Die Null.
Die Löschung von Fehlprogrammen.
Die Transformation der Matrix.

Die Wirkung auf die Matrix:
Die Wirkungsweise von SCHAMBA besteht darin, **Fehlprogramme** (wie Ängste oder Mangeldenken) **auf „Null" zu setzen**. Dadurch werden Kräfte und Energien frei, die in eine neue, sinnvolle, für die Entwicklung (bzw. für die Matrix) nützliche Form gebracht werden.

Dieses Symbol neutralisiert und **transformiert** jedes Fehlprogramm in uns, wenn wir daran denken, es aus unserem Inneren emporsteigen lassen und darauf das Symbol mit seiner Bewusstseinsformel übertragen.
Eine praktische Anwendung dafür finden wir beim *1. Code zur Löschung von Programmen.*

Die Bewusstseinsformel:
Den Kreislauf vollendet
die Lichtkraft der Zeit.

20, OOM

Im Haus der Matrix mit der Kraft der Vollendung.

Das Zeichnen des Zeitsiegels:
Oben außen beginnen und im Uhrzeigersinn
nach innen drehen.

Die Wirkung auf die Matrix:
Unter einem so genannten „Wurmloch" versteht man einen Tunnel bzw. eine Öffnung im Raum-Zeit-Gefüge, durch die wir an einen anderen Ort und mitunter auch in eine andere Zeit gelangen können, ohne den Raum und die Zeit „dazwischen" zu durchwandern.
Solche Wurmlöcher gibt es nicht nur in Science-Fiction-Romanen, sondern auch in seriösen physikalischen Modellen. Ein Wurmloch ist allerdings in seiner Existenz extrem instabil. Der Mensch ist heute technisch nicht im Geringsten in der Lage, ein Wurmloch absichtlich herzustellen oder es gar auf irgendeinen konkreten Zielpunkt hin auszurichten.

Archetypische Bilder:
Der Raum-Zeit-Tunnel, das „Wurmloch".
Schutz durch Einbettung und Geborgenheit.
Der Abschluss eines Zyklus.

OOM symbolisiert solch einen Raum-Zeit-Tunnel, der sich auf eine transzendente Ebene ausrichtet, aus der wir hilfreiche Unterstützung erwarten. Wir nennen dies die Ebene der **kosmischen Begleiter**. In ähnlicher Weise wirken auch die Symbole 10, KLER und 8, LUMAN.

Praktische Anwendung:
Wenn du Unterstützung in dein Leben einladen möchtest, zeichne vor dir das Symbol OOM in den Raum und sprich die Bewusstseinsformel dazu. Stelle dir vor, wie sich vor dir ein Tunnel öffnet und mit Licht füllt. Er führt direkt zu einer Kraftquelle, die außerhalb von dir liegt, mit der du aber verbunden bist. Aus dieser Kraftquelle fließt reine Energie in dich ein und füllt dich auf.
Es entsteht dadurch eine Kommunikation mit einer uns wohlgesinnten kosmischen Bewusstheit.

OOM wirkt auch als **Schutzsymbol**, denn es stellt eine Kraft dar, die uns umhüllt und einbettet. Unerwünschte Angriffe, welcher Art auch immer, werden durch die energetische Schutzhülle reflektiert. Außerdem schließt es unsere Matrix ungünstigen Einflüssen gegenüber ab.
Zeichne das Symbol mit seiner Bewusstseinsformel. Stelle dir dann vor, wie es dich einbettet und dich umhüllt.

Gemeinsam mit ELIM wirkt OOM **stabilisierend und abschließend** auf jede Art der Übertragung. Wir haben dies bei 17, ELIM bereits genau beschrieben.

DER MATRIXCODE

CODES UND CODONS

CODES UND CODONS

Mit den 20 Zeitsiegeln haben wir die Basissymbole kennen gelernt, mit denen wir auf jene Matrix, welche die Wirklichkeit erzeugt, einwirken können.

Kombinieren wir zwei dieser Zeitsiegel miteinander, so erhalten wir einen *Code*, kombinieren wir drei, so ergibt dies ein *Codon*. Die mathematischen Hintergründe haben wir im Kapitel „Die Struktur der Matrix" beschrieben.

Nachdem die Matrix ein geistiges Produkt kollektiver Bewusstseinsebenen ist, besteht die Möglichkeit, die Matrix über Bewusstseinskräfte auch wieder zu verändern. Die Codes und Codons sind Schlüssel zu einer bewussten Veränderung der Matrix, sofern es darum geht, so genannte Fehlprogramme aufzuheben und durch neue, hilfreiche Programme zu ersetzen.

Nachdem die Matrix ein Produkt des Bewusstseins ist, sind wir auch in der Lage, diese mittels Bewusstseinskräften zu verändern.

Die meisten der folgenden Codes und Codons finden sich innerhalb der „Attraktoren", die wir im Kapitel „Die Struktur der Matrix" erläutert haben. Eine Ausnahme bildet das Codon *Schockauflösung und Zielfindung*, das sich aus einer anderen Kombination ergibt, die aber bald in den Attraktor wieder hineinführt. Auch die Initiationscodons (Initiation der Geburt, des Bewusstseins, der Schönheit, des Übergangs und der Matrix) ergeben sich aus anderen Gesetzmäßigkeiten.

Viel interessanter ist nun aber sicherlich **die praktische Anwendung** der Codes und Codons. Wir können jede dieser Zeitsiegelkombinationen mit der offenen rechten Hand vor uns in den Raum zeichnen und die jeweiligen Bewusstseinsformeln innerlich denken oder laut aussprechen.

Besonders effektiv ist die **therapeutische Anwendung**:

Der Therapeut sitzt dem Klienten gegenüber. Nachdem der Therapeut den Klienten in einen Entspannungszustand geführt hat, öffnet er dessen Energiefeld mit 17, ELIM.

Danach zeichnet er das ausgewählte Codon bzw. den Code mehrfach in die Aura des Klienten ein. Er spricht dazu die Bewusstseinsformel laut aus oder denkt sie innerlich dazu.

Zum Abschluss stabilisiert er die Wirkung des Codons mit 20, OOM.

Durch diesen Vorgang wird eine Umprogrammierung der Matrix *initiiert*. Das bedeutet, dass in den folgenden Tagen Entwicklungsprozesse stattfinden, die eine nachhaltige Neugestaltung der Matrix bewirken.

GLAUBENSSÄTZE UND PROGRAMME

Bei den folgenden Codes und Codons geht es um Wege zu einer weit reichenden und nachhaltigen inneren Befreiung. Häufig sind es Glaubenssätze, die wir in uns integriert haben, welche uns den Weg zu einem glücklichen und freien Leben versperren. Wir können davon ausgehen, dass jeder Glaubenssatz, den wir als beengend oder als unerfüllbar wahrnehmen, äußerst fragwürdig ist und ruhigen Gewissens aus unserem Inneren entlassen werden kann.

Die meisten Glaubenssätze sind manipulierende Programme, die unsere feine innere Struktur, unser klares inneres Wissen überlagern.
Die nachhaltige Befreiung unseres inneren Seins ist ein lohnenswertes Ziel.

Glaubenssätze sind Programme, die uns auferlegt wurden und die wir uns auferlegen ließen. Häufig bemerken wir die Befürchtung, dass es nach der Auflösung der Glaubenssätze zu einer inneren Strukturlosigkeit und Haltlosigkeit käme. Nach unserer Erfahrung liegt aber hinter den auferlegten Programmen (und durch diese verdeckt) eine sehr feine und reine Struktur, ein ganz klares inneres Wissen, das uns genau zeigen kann, in welche Richtung unsere persönliche Entwicklung gehen will. Dieses Wissen steht stets in einer direkten, harmonischen Verbindung mit den Kollektiven, denen wir angehören.

Wenn wir nun mit den Codes und Codons solche Glaubenssätze auflösen, richten wir uns gleichzeitig auf die dahinter liegende klare Struktur, auf das dahinter liegende innere Wissen aus. Handeln wir gemäß diesem Wissen, finden wir ein freies Leben, das sowohl uns selbst freudvoll erfüllt, als auch unsere Mitmenschen bereichert.

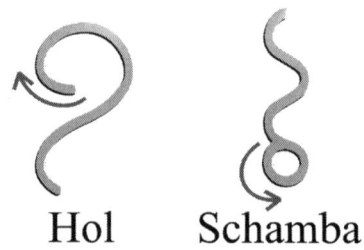

Hol   Schamba

1, CODE ZUR LÖSCHUNG VON PROGRAMMEN

Das Zeichnen des Codes:
1. HOL *Im Rhythmus der Erde die klärende Kraft.*
2. SCHAMBA *Im Kreise gedreht und die Matrix geklärt.*

Die Wirkung auf die Matrix:

HOL neutralisiert die Kraft jenes Programms, von dem wir uns entbinden wollen. Es leitet die auf uns wirkende Manipulation ab, entzieht dem Programm alle Energie, damit SCHAMBA es endgültig löschen kann.

Wir können damit jedes beliebige Programm, wie hartnäckig es in uns auch verankert sein mag, erlösen und verändern. Dies können sein:
  ➢ Innere Konflikte
  ➢ Zwischenmenschliche Konflikte
  ➢ Minderwertigkeitsgefühle
  ➢ Schuldthemen
  ➢ Mangeldenken
  ➢ Ängste
und vieles mehr.

Praktische Anwendung:

Formuliere das Thema, das Programm, von dem du dich befreien möchtest, möglichst klar.

Benenne es, ohne dich selbst oder *ohne jemand anderen zu bewerten.* Selbst wenn du dich von jemand anderem schlecht oder ungerecht behandelt fühlst, ist eine wertfreie Benennung des Themas von grundlegender Wichtigkeit.

Formuliere dies und schreibe es auf ein Blatt Papier.

Zeichne über dieses Thema (über den geschriebenen Text) das Symbol ELIM. Du gehst dadurch direkt in die Thematik hinein. Du schaust sie dir direkt an.

Schau es dir nur an. Analysiere das Thema nicht, denke nicht darüber nach.

Schau es dir an und stell dir vor, wie es aus deinem Inneren heraustritt.

Entlasse das Thema aus dir.

Das Thema steht vor dir.

Zeichne darüber nun mehrfach den Code, HOL und SCHAMBA, mit den Bewusstseinsformeln.

Das Thema löst sich nach und nach endgültig auf.

Zeichne dann OOM darüber, um den Auflösungsprozess zu stabilisieren. So kann dieser Auflösungsprozess in den nächsten Tagen weiterlaufen.

Wende dich nun von diesem Thema ab.

Sage mehrfach innerlich:

„Ich bin, ich bin, ich bin!"

Es macht Sinn, diese Übung in den nächsten Tagen mehrfach zu wiederholen.

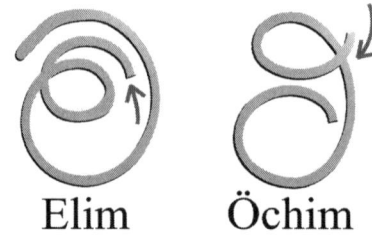

Elim   Öchim

2, DER CODE DES FLIESSENS

Das Zeichnen des Codes:
1. ELIM *Die offene Matrix das Neue erschafft.*
2. ÖCHIM *Den Anker gelöst zyklisch fließend und frei.*

Die Wirkung auf die Matrix:
Dieser Code bringt **versteinerte**, „alteingesessene" **Ansichten**, die uns behindern und blockieren, wieder ins Fließen. Wenn wir unser ganzes Leben lang an etwas festgehalten oder geglaubt haben, das sich nun als nicht mehr haltbar erweist, können wir es damit wieder in Bewegung bringen. Damit begeben wir uns in den Lebensfluss, der uns weiterbewegen möchte, wieder ein.

ELIM öffnet das Energiefeld des strengen Glaubenssatzes, der inneren Doktrin. Es öffnet vor allem unsere eigene innere Resonanzfläche, welche dieses Programm festhält.
ÖCHIM löst den Anker, löst die Anhaftung. Die Doktrin, das innere Gesetz weicht sich auf und kommt ins fließen. So tritt endlich wieder Lebendigkeit in uns ein.

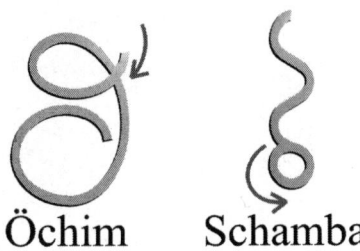

Öchim   Schamba

3, CODE ZUR BEFREIUNG UND ENTBINDUNG

Das Zeichnen des Codes:
1. ÖCHIM *Den Anker gelöst zyklisch fließend und frei.*
2. SCHAMBA *Im Kreise gedreht und die Matrix geklärt.*

Die Wirkung auf die Matrix:
Dieser Code entbindet uns aus **inneren Fesseln,** sowie aus **Versprechungen und Schwüren**, die wir unter Umständen gemacht haben, die heute nicht mehr aktuell sind.

Es sollte uns klar sein, dass wir niemals oder nur in den seltensten Fällen etwas „für immer und ewig" versprechen können, da sich die Gegebenheiten gänzlich verändern können. Der Fluss der Zeit wandelt und verändert. Ein Schwur kann dies – und damit die Entwicklung, die stattfinden will – behindern.

Wir meinen damit z. B. Versprechungen am Totenbett, die zumeist unter starkem emotionalen Stress gegeben werden, aber auch Schwüre für eine Institution oder für eine religiöse Vereinigung (wie z. B. das Keuschheitsgelübde der Priester oder das Treuegelübde für einen Guru). Solche Schwüre werden zumeist dann abgegeben, wenn der Mensch unter manipulativem emotionalem Stress steht. Auch jene Versprechungen, die bei Eheschließung zumeist gegeben werden, sind höchst fragwürdig.

Es gibt auch Schwüre sich selbst gegenüber, die wie innere Fesseln wirken. Solch innere Schwüre („Ich werde nie mehr…") bilden einen wunderbaren Stoff für dramatische Geschichten, sind hoch wirksam, für unsere Entfaltung aber zumeist kontraproduktiv.

Der Code wirkt dadurch, dass ÖCHIM die Fesseln und die Bindung in dir auflöst – der „Anker" wird gelöst. SCHAMBA neutralisiert und transformiert die Energie, die in dieser Bindung, in diesem Versprechen lag.

Praktische Anwendung:
Schau dir den Schwur, die inneren Fesseln oder das Versprechen an.
Du hast es gegeben, du hast es erschaffen, und du hast dadurch die Kraft, die Vollmacht und die Fähigkeit dazu, dich daraus auch wieder zu entbinden!
Lass das Versprechen aus dir heraus gleiten, entlasse es aus deinem Inneren, sodass es vor dir steht. Zeichne nun darüber den Code und sprich die Bewusstseinsformeln dazu, dreimal. Wende dich dann davon ab.
Sage mehrfach innerlich: *„Ich bin, ich bin, ich bin."*

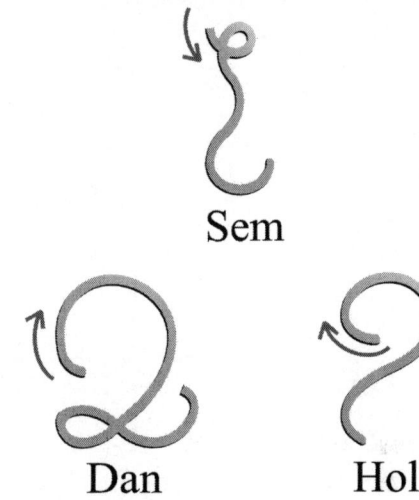

Sem

Dan   Hol

4, DAS CODON FREIER FLUG

Das Zeichnen des Codons:
1. DAN *Mit wandelnder Schleife den Ursprung erkannt.*
2. HOL *Im Rhythmus der Erde die klärende Kraft.*
3. SEM *Mit tanzenden Rhythmen kehrt Leichtigkeit ein.*

Die Wirkung auf die Matrix:
Bei diesem Codon geht es um die **Befreiung und Entfaltung**
der persönlichen inneren **Talente und Fähigkeiten**. Dadurch
tritt eine unendliche Leichtigkeit und Lebensfreude in uns ein.
DAN erinnert uns an unsere ursprüngliche innere Vision, bringt
uns an unseren Ursprung näher heran. In dieser Vision, dem
eigenen inneren Bild unseres Lebens, finden wir Andeutun-
gen und Hinweise auf unsere Fähigkeiten und Talente, die wir
im Laufe unseres Lebens verwirklichen können – sofern wir
sie erkennen.
HOL klärt jene Ängste und energetischen „Implantate", welche diese Fähigkeiten überlagern, und setzt sie dadurch frei.
SEM befreit uns, lässt unsere Talente an die Oberfläche kommen und verwirklichen. Damit beginnt ein „freier Flug" voller Lebensfreude.

Dan   Inti

5, DER CODE ZUR ENTSTÖRUNG UND BELEBUNG

Das Zeichnen des Codes:
1. DAN *Mit wandelnder Schleife den Ursprung erkannt.*
2. INTI *In klarem Bewusstsein der Mensch neu erwacht.*

Die Wirkung auf die Matrix:
Mit diesem Code können wir denaturierte **Lebensmittel** entstören und neu beleben. Genauso können wir damit auch die Nebenwirkungen von **Medikamenten** „neutralisieren".

Dies funktioniert nicht durch eine Veränderung denaturierter Molekularstrukturen bei Lebensmitteln oder durch Veränderung der chemischen Zusammensetzung des Medikamentes. Es ereignet sich aber eine *Veränderung der Information.* Wir können mithilfe dieses Codes und kraft unseres Bewusstseins bestimmen, wie unser Organismus das entfremdete Lebensmittel oder das Medikament *interpretiert.*

Durch die mentale Übertragung der Informationen „Ursprung", „Bewusstsein" und „Lebendigkeit" werden sowohl Lebensmittel als auch Medikamente für uns verträglicher oder sogar lebendig, nützlich und heilsam.

Zeichne dazu den Code mit der offenen Hand über das Produkt und sprich die Bewusstseinsformel dazu.

Wir können diesen Code auch bei der **Neutralisation psychischer Verwirrtheit** anwenden. Auch hier geht es um Verschiebungen in der Verarbeitung von Informationen, wenn z. B. alltägliche Ereignisse weltfremd und nicht mehr situationsgemäß begriffen werden können.

Der Code funktioniert dadurch, dass das Symbol DAN uns in die Ursprünglichkeit zurück bringt, während INTI unsere klare Bewusstheit anregt und belebt.

Dan   Hol

6, DER CODE ENDE ALLER TÄUSCHUNGEN

Das Zeichnen des Codes:
1. DAN *Mit wandelnder Schleife den Ursprung erkannt.*
2. HOL *Im Rhythmus der Erde die klärende Kraft.*

Die Wirkung auf die Matrix:
Dieser Code ist bereits im *4. Codon, „Freier Flug"* enthalten. Er wirkt speziell in folgenden Situationen:

➤ Psychische „Entgleisungen" und Realitätsverlust, wie z. B. eine maßlose Selbstüberschätzung der eigenen Wichtigkeit.
➤ Fehlende Erdung.
➤ Angst, den Problemen in die Augen zu schauen.
➤ Mut, neue Wege zu gehen nach Enttäuschungen.
➤ „Notbremse" bei einer Verirrung in einer unrealistischen Illusions- oder Phantasiewelt, besonders dann, wenn die Illusionen mit der Realität unvereinbar geworden sind.

DAN erinnert uns an die ursprüngliche Vision, welche (im Gegensatz zu den Illusionen) im völligen Einklang mit uns selbst steht. Hol leitet den Realitätsverlust aus und gibt uns neue Orientierungshilfen, sowie die nötige Erdung.

Wir haben auch erkannt, dass wir mithilfe dieses Codes einen **Spiegel im Schlafbereich** entstören können. Es ist inzwischen hinreichend bekannt (wenn auch wissenschaftlich nicht fundiert erklärbar), dass ein Spiegel, der sich in der Nähe des Bettes befindet, Schlafstörungen auslösen kann. Wenn es nicht möglich ist, den Spiegel zu entfernen, können wir diesen Code darüber zeichnen (mit den Bewusstseinsformeln).

Ysir   Dan

7, CODE ZUR LÖSCHUNG VON EGOSTRUKTUREN UND TRAUERARBEIT

Das Zeichnen des Codes:
1. YSIR *Den Samen bewegt die verwandelnde Kraft.*
2. DAN *Mit wandelnder Schleife den Ursprung erkannt.*

Die Wirkung auf die Matrix:

Unter „Egostrukturen" verstehen wir persönliche Überzeugungen, welche andere Menschen diskriminieren. Dadurch entsteht Trennung und in weiterer Folge Isolation.

Mit der Anwendung von YSIR geben wir uns wieder an unsere Verbundenheit mit den kollektiven Bewusstseinsebenen hin, in welche wir unser bewusstes *Ich bin* integrieren.

Mit DAN erinnern wir uns an die „Ursprungsvision", welche unsere zugrunde liegenden Kräfte und Fähigkeiten kennt, die durch Egospiele verdeckt und dadurch nicht gelebt werden können.

Wenn es um Trauerarbeit geht, führt uns dieser Code in eine kollektive Verbundenheit und zu unserer ureigenen Kraft.

Elim

Ril   Charion

8, DAS CODON ZUR INITIATION DER MATRIX

Das Zeichnen des Codons:
1. RIL *Den Kurs korrigierend auf offener See.*
2. CHARION *In dreifacher Drehung den Zielort erreicht.*
3. ELIM *Die offene Matrix das Neue erschafft.*

Die Wirkung auf die Matrix:
Dieses Codon ist vor allem dann angebracht, wenn es uns schwer fällt, **Raum einzunehmen**, wenn wir uns häufig durch andere verdrängt fühlen. Meistens liegt es daran, dass gewisse Glaubenssätze in uns derart wirksam sind, dass wir an jener Stelle uns ausbreiten wollen, an der es uns nicht zusteht und jenen Raum, der uns natürlich und frei zugehörig ist, nicht erkennen.

Dieses Codon baut eine intensive Selbstbezogenheit in uns ab. Es lenkt unsere Aufmerksamkeit einem Bereich zu, der außerhalb von uns liegt und sich uns hilfreich erschließen will. Dadurch entstehen neue

Sichtweisen, welche uns den eigenen Raum wie von selbst erschließen.

RIL korrigiert schlechte Erfahrungen aus der Vergangenheit und entbindet uns daraus.
Mit CHARION öffnen wir uns neuen Sichtweisen, welche uns neue eigene Räume – symbolisiert durch ELIM – wie von selbst eröffnen.

Ril

9, CODON ZUR BEFREIUNG VON FREMDBESTIMMUNGEN

Luman

Das Zeichnen des Codons:

Von unten nach oben:

1. MAAN *Mit sicherer Kraft in stabiler Gestalt.*
2. LUMAN *Spiralige Drehung harmonisch und schön.*
3. RIL *Den Kurs korrigierend auf offener See.*

Die Wirkung auf die Matrix:

Von Fremdbestimmung sprechen wir dann, wenn wir uns durch Meinungen anderer oder durch andere Kräfte, die wir nicht zuordnen können, lenken und manipulieren lassen. Wir entfernen uns dabei aus unserer eigenen Mitte, aus unserer eigenen Bestimmung und begeben uns auf fremde Wege, die uns von uns selbst entfremden. Dadurch werden wir noch lenkbarer und sind für weitere Manipulationen ein leichtes Spiel.

Maan

Das Symbol MAAN erinnert uns an unseren Selbstwert und gibt uns Stabilität und Kraft. Mit LUMAN entheben wir uns aus dem Verwirrspiel der Meinungen und Beeinflussungen. Wir verabschieden uns von den

Versuchen, es anderen recht machen zu wollen, und beziehen einen *bewussten, klaren, neutralen Standpunkt.*

Mit RIL korrigieren wir unseren Kurs, legen die Fremdbestimmung ab und finden uns wieder in unserem *eigenen Rhythmus* ein.

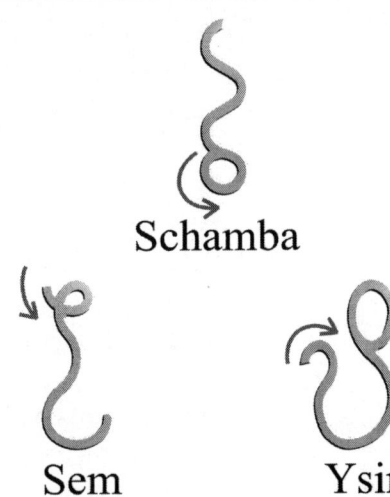

Schamba

Sem   Ysir

10, CODON ZUR KORREKTUR KOLLEKTIVER PROGRAMME

Das Zeichnen des Codons:
1. SEM *Mit tanzenden Rhythmen kehrt Leichtigkeit ein.*
2. YSIR *Den Samen bewegt die verwandelnde Kraft.*
3. SCHAMBA *Im Kreise gedreht und die Matrix geklärt.*

Die Wirkung auf die Matrix:
Dieses Codon wirkt korrigierend auf „kollektive Fehlprogramme".
Das können sein:

> ➤ Programme in Familienstrukturen, wie z. B. anhaltende Spannungen, aber auch dramatische Ereignisse, die sich seit Generationen wiederholen.

> ➤ Dissonanzen unter den Menschen eines Arbeitsteams, einer Firma oder einer Gruppe.

> ➤ Fehlprogramme in noch größeren kollektiven Systemen, wie z. B. Wirtschaftsprobleme in einer bestimmten Gegend oder in einem Land.

Das Symbol SEM aktiviert die Idee, dass die Umwandlung der Problematiken mit Leichtigkeit stattfinden kann, fordert aber die Veränderung der aktuellen Situation vehement ein. YSIR überträgt diesen Transformationsimpuls auf die kollektive Ebene, auf das Familiensystem, auf das Team oder auf die gesamte Bevölkerungsgruppe. Mit SCHAMBA werden die Fehlprogramme gelöscht und die freigewordenen Energien in eine neue Form gebracht. Alle drei Kräfte des Codons sind Transformationskräfte.

Praktische Anwendung:
Jenes kollektive System, für das eine Veränderung stattfinden soll, wird in irgendeiner Form dargestellt. Dies kann durch eine Familien- oder Firmenaufstellung stattfinden, aber auch dadurch, dass die Namen der Beteiligten auf ein Blatt Papier geschrieben werden.
Auf diese Darstellung wird dann das Codon mit den Bewusstseinsformeln übertragen.

Handelt es sich um große Systeme, wie z. B. um eine wirtschaftliche Belebung eines Staates, so bedarf es dazu einer gezielten Meditation, die *gleichzeitig* von mehreren Menschen *an unterschiedlichen Orten* in diesem Land stattfindet. Dadurch entstehen Energiepunkte, die sich zu einem gemeinsamen Energiefeld zusammenschließen. Dies erzeugt eine bedeutsame Kraft, die für eine Veränderung in solch einem großen System notwendig ist.
Jede dieser Gruppen sucht sich für das System eine repräsentative Darstellung. Dies kann z. B. eine Landkarte dieses Landes sein. In der Meditation visualisieren die Teilnehmer das Ziel, das erreicht werden soll (z. B. eine florierende Wirtschaft), aber *keinesfalls das existierende Problem*. Zum Abschluss wird auf die Landkarte das Codon mit den Bewusstseinsformeln übertragen.

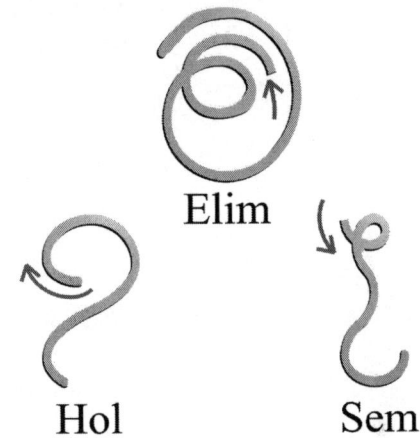

Elim

Hol   Sem

11, CODON ZUR BELEBUNG VON RÄUMEN

Das Zeichnen des Codons:
1. HOL *Im Rhythmus der Erde die klärende Kraft.*
2. SEM *Mit tanzenden Rhythmen kehrt Leichtigkeit ein.*
3. ELIM *Die offene Matrix das Neue erschafft.*

Die Wirkung auf die Matrix:
Jeder Raum speichert die Ereignisse, die darin geschehen, ab. Dies ist durchaus auch wissenschaftlich nachvollziehbar, da sogar jede Zelle des Menschen, genauer gesagt jedes DNA-Molekül, eine Spur hinterlässt, die wochenlang messbar ist (man bezeichnet dieses Phänomen als „Phantom DNA Effekt").

Wenn sich nun in Räumen sehr viel ereignet, was Energie verbraucht (Therapieräume, Verhandlungsräume, aber auch Wohnräume, in denen es häufig zu Streitgesprächen kommt), so empfinden wir diesen Raum als leblos und als Kraft raubend. Dieses Codon belebt solche Räume, wenn wir es in den Raum mit den entsprechenden Bewusstseinsformeln übertragen.

Hol leitet die schwierigen Energien ab, während Sem die Transformation fortsetzt und dem Raum neue Lebendigkeit und Leichtigkeit einhaucht. Elim überträgt dies auf den gesamten Raum, indem es ihn öffnet.

ERFOLG

Erfolg ist das Ergebnis der persönlichen Matrix bzw. der Matrix einer Firma oder eines Teams. Wenn sich in dieser Matrix Programme befinden, welche die Verwirklichung des Erfolges behindern, so kann Erfolg nicht stattfinden. Sehr häufig finden wir solch hinderliche Programme in Form von Glaubenssätzen, wie „Ich bin nicht würdig,…" oder „Geld ist schmutzig" oder „Erfolg verdirbt den Charakter" usw. Es ist äußerst empfehlenswert, solche Programme endgültig zu löschen.

Wir empfehlen hier, die folgende Sichtweise und innere Haltung zum Thema Erfolg zu integrieren:
Tatsächlicher und nachhaltiger Erfolg findet dann statt, wenn wir ihn als kollektiven Wert, als Allgemeingut begreifen. Wenn wir erfolgreich sind, wird dies nur dann Bestand haben, wenn wir uns vom Gedanken der Konkurrenz verabschieden und den Erfolg auf möglichst viele Menschen ausbreiten, möglichst viele daran beteiligen. Wenn es uns gelingt, ein Kollektiv zu bilden, in dem jeder am Erfolg des anderen teilnimmt, so entsteht eine bedeutsame kollektive Kraft. Dadurch entsteht eine gemeinsame Bewegung, die für alle Beteiligten bereichernd sein wird – im materiellen wie auch im geistigen Sinn.

Öchim

Hol   Schamba

12, CODON FÜR NACHHALTIGEN ERFOLG

Das Zeichnen des Codons:
1. HOL *Im Rhythmus der Erde die klärende Kraft.*
2. SCHAMBA *Im Kreise gedreht und die Matrix geklärt.*
3. ÖCHIM *Den Anker gelöst zyklisch fließend und frei.*

Die Wirkung auf die Matrix:
Dieses Codon befreit uns von jenen Programmen, welche uns am Erfolg behindern. Dies geschieht durch die ableitende und erdende Kraft von HOL und die transformierende Kraft von SCHAMBA - eine Kombination, die wir als *Code zur Löschung von Programmen* kennen. Zum Abschluss bringt ÖCHIM die frei gewordenen Kräfte ins Fließen. Der Erfolg kann sich zyklisch wiederholen, der Erfolg und die Geldenergie fließen dem Projekt zu, welches sich nachhaltig verwurzeln kann.

Praktische Anwendung:

Beschreibe das Projekt oder das Vorhaben, mit dem du Erfolg haben möchtest, möglichst eindeutig auf ein Blatt Papier. Übertrage dann darauf das Codon mit seinen Bewusstseinsformeln dreimal. Du kannst dieses Codon auch mit dem *Codon für Erfolg und Wachstum* kombinieren und beide über das beschriebene Projekt übertragen, jeweils dreimal.

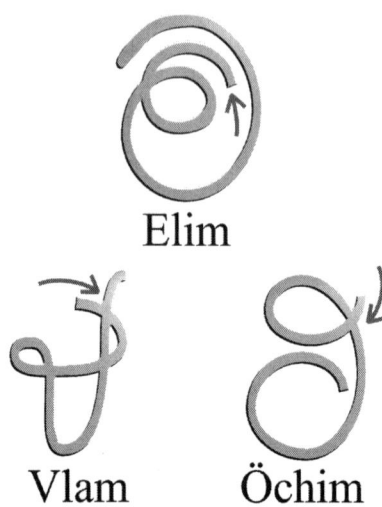

Elim

Vlam   Öchim

13, CODON FÜR ERFOLG UND WACHSTUM

Das Zeichnen des Codons:

1. VLAM *Aus drehenden Kreisen ein sinnlicher Klang.*
2. ÖCHIM *Den Anker gelöst zyklisch fließend und frei.*
3. ELIM *Die offene Matrix das Neue erschafft.*

Die Wirkung auf die Matrix:

In diesem Codon geht es darum, dass ein Projekt (eine Firma, eine Ausbildung, ein Vorhaben…) sich über Raum und Zeit hinweg erfolgreich ausbreitet und allen Menschen, die damit in Berührung kommen, Freude schenkt.

VLAM symbolisiert die von diesem Projekt ausgehende Freude. Dieses Symbol bildet aber auch eine Zeitlinie aus. Dadurch werden belastende Einflüsse aus der Vergangenheit neutralisiert und der Weg in die Zukunft vorbereitet. Wir setzen Lichtpunkte in die Zukunft, die sich im richtigen Moment für das Projekt eröffnen.

ÖCHIM bringt alle hilfreichen Kräfte und die notwendigen Geldenergien ins Fließen.
ELIM öffnet den Raum und macht ihn weit, sodass das Projekt sich ausdehnen und erweitern kann.

Praktische Anwendung:

Auch hier kannst du das Projekt auf einem Blatt Papier möglichst eindeutig benennen und darauf das Codon übertragen. Dieses Codon kann gut mit dem vorangegangenen Codon kombiniert werden.

VERGANGENHEIT UND ZUKUNFT

In unserer alltäglichen Wahrnehmung scheint die Zeit gleichmäßig und unaufhaltsam abzulaufen. Die Vergangenheit erscheint uns als unveränderbar und die Zukunft als ungewiss. Dies ist allerdings eine Vorstellung, die keineswegs zufrieden stellt. Die meisten wirklich spirituellen Schriften und Weissagungen weichen davon ab und sprechen davon, dass die lineare Zeit eine Illusion sei. Auch physikalische Modelle, die von einem höherdimensionalen Raum ausgehen (wie z. B. die String-Theorie) ermöglichen ebenfalls – zumindest theoretisch – Zeitreisen über so genannte Raum-Zeit-Tunnels oder „Wurmlöcher".

Wir gehen in unserem Verständnis davon aus, dass es zwar einen chronologischen Zeitablauf gibt (ein vorher und ein nachher), dass aber die Grenze zwischen Vergangenheit und Zukunft durchaus fließend ist.

Die Matrix, welche die Wirklichkeit erzeugt, ist nach unserer Vorstellung mit einem „Zeiger" ausgestattet, der das „Zentrum der Gegenwart" markiert und den „Hauptfokus der Zeit" bildet. Alles, was in gewissem Rahmen vor und nach diesem Hauptfokus liegt (und das kann durchaus über mehrere Jahrhunderte laufen), ist zugänglich. Der Einfachheit halber konzentriert sich das menschliche Alltagsbewusstsein auf diesen Hauptfokus alleine und interpretiert ihn als Gegenwart; alles andere wird aus der Wahrnehmbarkeit ausgeblendet.

Es ist für uns durchaus vorstellbar, dass wir in eine Vergangenheit oder in eine Zukunft eintreten könnten und dass wir z. B. die Vergangenheit durchaus real verändern könnten. Das bedeutet, dass unser gegenwärtiges Sein sowohl auf die Vergangenheit, als auch auf die Zukunft direkt einwirkt.

Um es noch klarer auszudrücken: *Das, was wir jetzt gerade tun, verändert direkt die Vergangenheit und gestaltet gleichzeitig auch die Zukunft!*

Diese Vorstellung ist durchaus in quantenphysikalischen Modellen darstellbar, man spricht dort von so genannten „Quantenwellen", die in der Zeit sowohl in die Zukunft, als auch in die Vergangenheit hinein sich ausbreiten. Ist unser Alltagsbewusstsein heute bereit dazu, die konkrete Veränderbarkeit der Vergangenheit zuzulassen? Das hätte nämlich massive Konsequenzen! Wir müssten uns vom geliebten Thema der Schuldzuweisung und Schuldbemessung lossagen, da eine Schuld immer in der Vergangenheit liegt.

Wir hätten damit eines der häufigsten Fehlprogramme im menschlichen Denken bereits weniger…

All unsere gegenwärtigen Handlungen wirken direkt auf die Vergangenheit ein und *verändern* sie.

Genauso gestaltet unser gegenwärtiges Tun auch unsere Zukunft und bereitet das vor, was sein wird.

Wenn wir das begreifen, werden wir zu Meistern der Zeit.

In den folgenden Codes und Codons geht es nun darum, auf der mentalen Ebene in Vergangenheiten einzusteigen, um dort Verletzungen und Bindungen aufzulösen und zu klären. Weiters geht es darum, die Zukunft konkret zu gestalten und das in unser Leben einzuladen, was unserer Entfaltung dient.

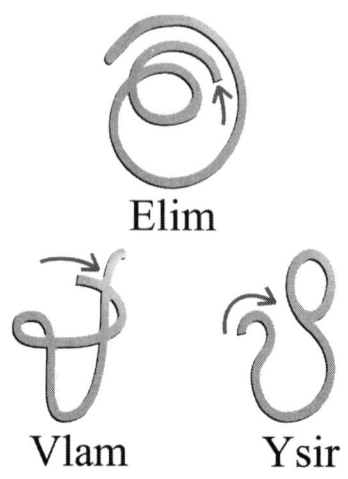

Elim

Vlam   Ysir

14, Codon zur Gestaltung der Zukunft

Das Zeichnen des Codons:
1. Vlam *Aus drehenden Kreisen ein sinnlicher Klang.*
2. Ysir *Den Samen bewegt die verwandelnde Kraft.*
3. Elim *Die offene Matrix das Neue erschafft.*

Die Wirkung auf die Matrix:
Erschaffe dir eine Vision, die sich in der Zukunft erfüllen soll. Es ist dabei empfehlenswert, dass du diese Vision gleichzeitig auch wieder loslässt, sie nicht fixierst. Denn dadurch bekommt sie Raum genug, um sich in das Gefüge des großen Ganzen einzufinden. Gleichzeitig beschränkst du dein Visionsbild dadurch nicht, denn es können sich die Dinge auch noch *besser* entwickeln, als du es dir im Moment vorstellen kannst.

Um es besser zu verdeutlichen, hier ein Beispiel:

Angenommen, du wünschst dir einen neuen Wohnbereich, der in einer besseren Lage und geräumiger als dein aktueller Wohnbereich sein soll.

Erschaffe dir diese Vision mit jenen Bildern, die wirklich wichtig für dich sind. Das wäre in diesem Fall z. B. „mehr Raum", „angenehme Lage in Naturnähe", „angenehmes Wohnklima" und „in der Nähe meines Arbeitsbereiches". Diese Visionsbilder sind sinnvoll.

Weniger sinnvoll sind fix bindende Vorgaben, wie z. B. „es muss unbedingt ein Haus mit einem Stockwerk sein" oder „es muss unbedingt an jenem Ort in jenem Ortsteil sein". Dies bindet zu sehr und lässt der Vision mitunter zu wenig Raum, um sich zu entfalten.

Erschaffe dir also eine *offene Vision*.
Übertrage dann auf diese Vision das Codon.

Dieses Codon öffnet mit VLAM die Zeitlinie, über die wir eine Verbindung zur Zukunft bekommen. Mit YSIR wird unser Visionsbild in das kollektive Gefüge und in die vorhandenen Gegebenheiten so eingepasst, dass es zu einer Verwirklichung kommt, die für alle Beteiligten sinnvoll und hilfreich ist. Mit ELIM öffnet sich dann ein weiter Bereich, in dem die Vision Raum nehmen und sich realisieren kann.

Charion

Kler

Ulun

15, CODON FÜR SCHOCKAUF-LÖSUNG UND ZIELFINDUNG

Das Zeichnen des Codons:
Von unten nach oben:
1. ULUN *Aus klärender Tiefe erneuernd befreit.*
2. KLER *Aus kosmischer Quelle die hilfreiche Kraft.*
3. CHARION *In dreifacher Drehung den Zielpunkt erreicht.*

Die Wirkung auf die Matrix:
Schocks und **traumatische Erfahrungen** aus unserer Vergangenheit, die in der Tiefe in uns liegen und gespeichert sind, können mit diesem Codon nachhaltig aufgelöst werden.

Es ist sinnvoll, die Anwendung des Codons an mehreren aufeinander folgenden Tagen zu wiederholen.

ULUN geht in die Tiefe unseres Seins hinab und schenkt uns eine klärende Befreiung. KLER ladet hilfreiche Kräfte ein, um uns bei dieser Aufarbeitung zu unterstützen. CHARION zeigt uns

neue Wege und eröffnet uns neue Sichtweisen, einen neuen Weg, eine befreite Zukunft.

Dieses Codon kann bei besonders tief liegenden Verletzungen angewendet werden,
während das nächste Codon sich für die
Trauerarbeit sehr gut eignet.

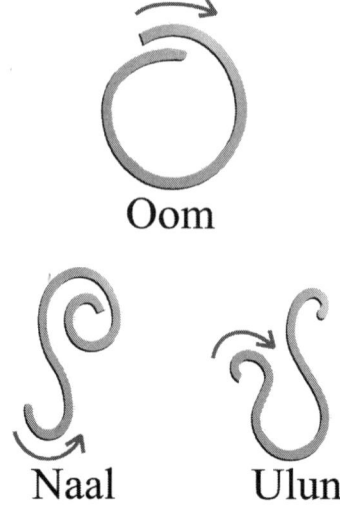

Oom

Naal   Ulun

16, CODON ZUR VERGANGENHEITSBEWÄLTIGUNG

Das Zeichnen des Codons:

1. NAAL *Die aufwärts sich drehende Einkehr im Selbst.*
2. ULUN *Aus klärender Tiefe erneuernd befreit.*
3. OOM *Den Kreislauf vollendet die Lichtkraft der Zeit.*

Die Wirkung auf die Matrix:

Hier geht es um **Trauerarbeit** und um **das Loslassen von Vergangenem**, besonders dann, wenn wir etwas nachtrauern und dadurch nicht offen sind für das, was uns *jetzt* umgibt.

Mit NAAL bearbeiten wir unsere innere Traurigkeit. Seelische und emotionale Verletzungen beginnen zu heilen. ULUN holt uns aus unserer Versunkenheit wieder heraus, wobei auch durch diese Kraft die Aufarbeitung fortgesetzt wird. Mit OOM entsteht ein Weg (ein „Raum-Zeit-Tunnel") ins Jetzt. Wir werden auf diesem Weg schützend eingehüllt.

LEBENSFREUDE UND SINNLICHKEIT

Wir leben in einem Kulturkreis, in dem alles, was mit Lebensfreude, Sinnlichkeit und Erotik zu tun hat, als unrein verurteilt wurde und zum Teil noch immer wird. Damit hatten kirchliche Institutionen ein mächtiges Instrument in Händen, um die Menschen über deren schlechtes Gewissen zu manipulieren und zu dirigieren. Da Erotik und Sinnlichkeit völlig natürlich dem menschlichen Wesen zugrunde liegt, wurde der Mensch über diesen jahrhunderte langen Gewissensdruck seiner selbst entfremdet. Auch diese Denaturierung war ein wirksames Mittel, um die Menschen gezielt lenken zu können.

Die Entfremdung des Menschen aus seiner natürlichen Sinnlichkeit und Lebensfreude erschuf blockierende Glaubenssätze und mentale „Implantate".

Dasselbe gilt für jede Art der Lebensfreude. Es gibt den tief verwurzelten Glaubenssatz, dass man nur durch Mühsal und über Leidenswege „in den Himmel kommt" (bzw. sein Seelenheil findet oder erleuchtet wird). Stellen wir uns aber einen lebensfrohen Menschen vor. Er ist ausgeglichen, ruht in sich und strahlt Herzenswärme und Frieden aus. Eine Eigenschaft hat er allerdings nicht: Er ist nicht manipulierbar, denn er ruht gänzlich in sich selbst.

Das Erbe dieser globalen Selbstentfremdung des Menschen besteht in einer Fülle von inneren Überzeugungen, die uns an unserer Entfaltung und Entwicklung behindern. Sie

Die Löschung dieser Implantate ist Ziel der folgenden Codes und Codons. Denn ein Mensch mit erfüllter Sinnlichkeit und voller Lebensfreude ist fähig zu nachhaltigem Frieden und tiefer Liebe.

wirken wie mentale Implantate, die uns von uns selbst entfremden.

Ziel der nachfolgenden Codes und Codons ist die Löschung dieser mentalen Implantate. Ein Mensch, der seine Sinnlichkeit wieder frei und natürlich leben kann und der in vollen Zügen seine Lebensfreude entfaltet, ist zutiefst liebesfähig. Ein nachhaltiger Friede und eine Rückbesinnung auf das kollektive Menschsein wird ebenfalls nur dann möglich sein, wenn der Mensch sich von diesen Implantaten befreit.

Vlam   Dan

17, CODE ZUR REINIGUNG DER SINNLICHKEIT

Das Zeichnen des Codes:
1. VLAM *Aus drehenden Kreisen ein sinnlicher Klang.*
2. DAN *Mit wandelnder Schleife den Ursprung erkannt.*

Die Wirkung auf die Matrix:
Bei diesem Codon geht es vor allem um die Aufarbeitung von **sexuellem Missbrauch** und von allen Gefühlen, die damit zusammen hängen: Schuldgefühle, das Gefühl beschmutzt worden zu sein usw.
Erfahrungen dieser Art entfremden uns natürlich aus dem natürlichen Zugang zur Sexualität. Daher geht das Symbol VLAM der Zeitlinie entlang bis zu diesem Erlebnis zurück. Dort setzt DAN ein, *reinigt und löscht* das Ereignis. Es führt uns zu unserem ursprünglichen Zugang zur Erotik und Sinnlichkeit wieder zurück.

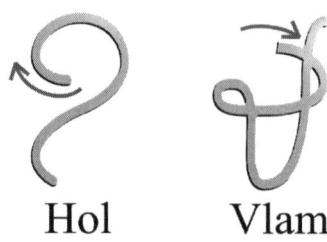

Hol   Vlam

18, Code des Weges zur Sinnlichkeit

Das Zeichnen des Codes:
1. Hol *Im Rhythmus der Erde die klärende Kraft.*
2. Vlam *Aus drehenden Kreisen ein sinnlicher Klang.*

Die Wirkung auf die Matrix:
Dieser Code **löscht** vor allem all jene Glaubenssätze und **Implantate**, welche Sinnlichkeit, Erotik und Lebensfreude als unrein oder gar als Hemmnis für den Weg zur Erleuchtung betrachten.

Hol entzieht diesen Implantaten die Kraft und leitet sie aus. Mit Vlam erlauben wir uns die Sinnlichkeit wieder und werden fähig, sie zu genießen und sie als bedeutsame Lebenskraft zu erkennen.

Ysir   Vlam

19, CODE DER EROTIK UND HINGABE

Das Zeichnen des Codes:
1. YSIR *Den Samen bewegt die verwandelnde Kraft.*
2. VLAM *Aus drehenden Kreisen ein sinnlicher Klang.*

Die Wirkung auf die Matrix:
Bei diesem Code geht es vor allem um die
Fähigkeit, sich **der Erotik hingeben** zu
können. Das bedeutet, dass die **Vereinigung
und Verschmelzung** zwischen den beiden
Partnern über die Erotik in ihrer tiefgehen-
den Bedeutung erlebbar wird. Durch die Verschmelzung zweier Menschen entsteht eine
Erinnerung an die ursprüngliche Verbindung
mit dem Bewusstseinskollektiv, aus dem wir
herausgetreten sind, um uns als Individuum
erleben zu können.

YSIR erweckt in uns die Fähigkeit zur Hingabe. Es werden dabei die individuellen
Grenzen aufgelöst, damit wir uns auf eine
weit reichende Verschmelzung mit dem
Partner vorbereiten können. VLAM hebt diese Bereitschaft auf die erotische Ebene und

belebt diese mit einem Startimpuls voller Freude und Schönheit.

Praktische Anwendung:

Die beiden Partner übertragen sich gegenseitig den Code mit den Bewusstseinsformeln, bevor sie sich der Sinnlichkeit hingeben.

Vlam

20, CODON DER SINNLICHKEIT

Ysir

Das Zeichnen des Codons:
1. DAN *Mit wandelnder Schleife den Ursprung erkannt.*
2. YSIR *Den Samen bewegt die verwandelnde Kraft.*
3. VLAM *Aus drehenden Kreisen ein sinnlicher Klang.*

Die Wirkung auf die Matrix:

Dan

Mit diesem Codon werden vor allem **Fehlprogramme** im Bezug auf die Erotik aufgelöst, damit wir sie wieder genießen und uns hingeben können.

Es geht dabei vor allem um folgende Fehlprogramme:

> ➢ „Sexualität ist schlecht und schmutzig"
> ➢ Frigidität und Impotenz
> ➢ Sexualität als Leistung
> ➢ „Ich bin verantwortlich für den Orgasmus meines Partners"

Das Symbol DAN führt uns zur ursprünglichen Natürlichkeit der Erotik zurück. Wir entlassen die Implantate zu diesem Thema aus unserem Energiefeld. Es geht hauptsächlich um das Fehlprogramm der Unreinheit, aber auch um das Fehlprogramm des Leistungsdrucks.

Mit YSIR und VLAM sind wir wieder zur Hingabe und zur Verschmelzung mit dem Partner fähig. (Diese Kombination entspricht dem vorigen Code Erotik und Hingabe.)

Praktische Anwendung:

Bei diesem Codon geht es um die konkrete Auflösung eines vorhandenen Fehlprogrammes. Schreibe daher dieses Programm auf ein Blatt Papier.

Lege das Blatt vor dir auf.

Sage: *„Ich löse dieses Implantat endgültig und nachhaltig auf, jetzt!"*

Zeichne dann das Codon über den Text und sprich die Bewusstseinsformeln dazu, dreimal.

Verbrenne zum Abschluss dass Blatt Papier und wende dich von diesem Thema bewusst ab, indem du z. B. den Raum verlässt und dich mit etwas ganz anderem beschäftigst.

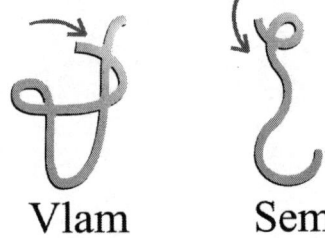

Vlam   Sem

21, CODE DER LEBENSFREUDE

Das Zeichnen des Codes:
1. VLAM *Aus drehenden Kreisen ein sinnlicher Klang.*
2. SEM *Mit tanzenden Rhythmen kehrt Leichtigkeit ein.*

Die Wirkung auf die Matrix:
Wir erlauben uns, Freude in unser Leben einzuladen.
Mit VLAM wird ein Startimpuls zum Thema Schönheit und Lebensfreude gesetzt. SEM bringt die tanzende Leichtigkeit in unser Leben, hat aber auch die Kraft, hemmende Glaubenssätze zu transformieren und uns zu befreien.

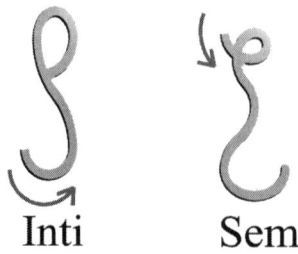

Inti   Sem

22, CODE DER LEICHTIGKEIT

Das Zeichnen des Codes:

1. INTI *In klarem Bewusstsein der Mensch neu erwacht.*
2. SEM *Mit tanzenden Rhythmen kehrt Leichtigkeit ein.*

Die Wirkung auf die Matrix:

Bei diesem Code geht es um die **Auflösung depressiver Verstimmungen**.

Das Symbol INTI richtet unsere Kräfte auf und erneuert uns. SEM führt uns aus einer Selbstbezogenheit heraus und befreit uns vor allem aus dem „Opferdasein". Es wendet unseren Blick nach außen und befähigt uns dazu, Leichtigkeit in unser Leben einzuladen.

Der innere Prozess, der durch diesen Code initiiert wird, besteht vor allem darin, dass wir uns von unserer scheinbaren Hilflosigkeit verabschieden, in unsere eigene Kraft gehen und uns für alles Lebendige öffnen.

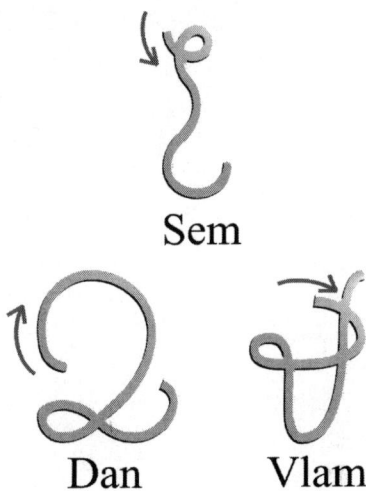

Sem

Dan   Vlam

23, CODON DER QUELLE DES WOHLBEFINDENS

Das Zeichnen des Codons:
1. DAN *Mit wandelnder Schleife den Ursprung erkannt.*
2. VLAM *Aus drehenden Kreisen ein sinnlicher Klang.*
3. SEM *Mit tanzenden Rhythmen kehrt Leichtigkeit ein.*

Die Wirkung auf die Matrix:
Mit diesem Codon werden zuerst alle Programme und Glaubenssätze, die Lebensfreude als etwas „schlechtes" oder „unspirituelles" erachten, gelöscht. DAN vollzieht die Neutralisation dieser Überzeugungen, indem es uns an unseren Ursprung erinnert. Danach werden wir mit VLAM für das Schöne im Leben und mit SEM für die tänzerische Leichtigkeit geöffnet.

Wir begeben uns in die Wandelbarkeit des Lebens ein, halten nichts fest und lassen das geschehen, was im Sinne unserer Entwicklung und unseres Lebensplanes steht. So entsteht Wohlbefinden in Form einer erfrischenden, sprudelnden, lebendigen Quelle.

Praktische Übung:

Schreibe alles, was dich an deinem Wohlbefinden hindert, auf ein Blatt Papier.

Es geht vor allem um die Auflösung folgender Glaubenssätze:

> ➤ „Nur unter großen Anstrengungen und Entbehrungen kann ich meinen Lebensplan erfüllen."
>
> ➤ „Nur wenn ich nicht nach meinem Inneren, sondern nach den Lehren und Dogmen einer Kirche (oder eines „Meisters" bzw. „Führers") mich ausrichte, kann ich Erlösung und Erleuchtung finden."
>
> ➤ „Ich darf mich nicht freuen, denn anderen Menschen geht es auch nicht gut."

usw.

Sage nun: *„Ich löse diese Glaubenssätze und Überzeugungen endgültig und nachhaltig in mir auf - jetzt!"*.

Zeichne nun das Codon mit den Bewusstseinsformeln dreimal darüber.

Sage dann: *„Ich übergebe diese Glaubenssätze und Überzeugungen der transformierenden Kraft des Feuers!"* und verbrenne dieses Blatt Papier.

Zum Abschluss kannst du das *Codon zur Initiation der Schönheit* dreimal vor dir in den Raum zeichnen, um neue, hilfreiche Gedankenmuster zu erschaffen!

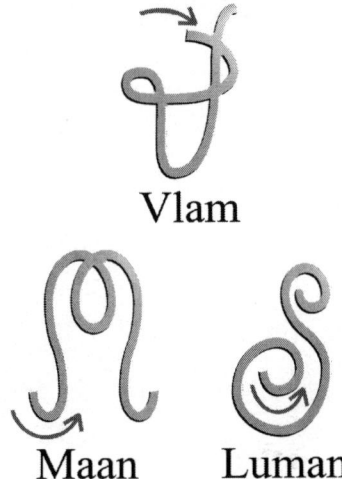

Vlam

Maan   Luman

24, CODON DER INITIATION DER SCHÖNHEIT

Das Zeichnen des Codons:
1. MAAN *Mit sicherer Kraft in stabiler Gestalt.*
2. LUMAN *Spiralige Drehung harmonisch und schön.*
3. VLAM *Aus drehenden Kreisen ein sinnlicher Klang.*

Die Wirkung auf die Matrix:
Wir erschaffen mit diesem Codon neue Gedankenmuster und verändern dadurch jene Matrix, welche die Wirklichkeit unseres Lebens erzeugt. Die neuen Gedankenmuster richten sich vor allem auf Schönheit aus. Innere Freude und der Zugang zu allumfassender Sinnlichkeit werden als ein Gut erachtet, das jedem Menschen zusteht. Wir betrachten die Lebensfreude und die Neugier auf alles Lebendige als grundlegende Eigenschaft des menschlichen Bewusstseinskollektivs.

Durch diese neue Ausrichtung unserer Gedanken entsteht ein nachhaltiger **Stressabbau und innere Harmonie**. Um das zu erreichen, macht es Sinn, das Codon mit seinen Bewusstseinsformeln über ein bis zwei Wochen hinweg am Abend vor dem Einschlafen anzuwenden.

Mit MAAN entsteht eine innere Selbstsicherheit und Stabilität. Ausgehend davon können wir die neuen Gedankenmuster erschaffen.

Das Symbol LUMAN erhebt unsere Wahrnehmung auf eine Adlerperspektive. Es verbindet uns außerdem mit dem kollektiven Bewusstsein. Dadurch fließen jene ursprünglichen Informationsmuster in uns wieder ein, die zumeist durch mentale Implantate und Glaubensmuster überdeckt werden.

Durch VLAM wird alles, was mit Schönheit und Sinnlichkeit zu tun hat, in unser Leben eingeladen. Außerdem entsteht ein *neues Begreifen der Zeit*, was Stress abbaut und uns eine allumfassende innere Ruhe bringt.

LEBENSWEGE

Wir gehen davon aus, dass für jeden Menschen ein so genannter Lebensplan existiert. Diesen können wir uns als eine Art *persönliche Matrix* vorstellen, als ein sehr komplexes Programm, eine gewisse „Vorgabe". Jede Handlung und jede Entscheidung, die der Mensch trifft, erzeugt eine Wechselwirkung mit dieser persönlichen Matrix.

Diese Matrix beinhaltet jene Fähigkeiten und Potentiale, die der Mensch in sich trägt und die er im Laufe seines Lebens entfalten kann (und auch sollte).

Der Sinn dieser Vorgaben in der Matrix für unser aktuelles Leben liegt wohl darin, dass wir ganz bestimmte Erfahrungen machen wollen, weil genau diese Erfahrungen uns in unserem Bewusstsein bereichern, unser Bewusstsein „verfeinern". Wir beobachten immer wieder, dass ein Mensch, der sich aus diesem persönlichen Lebensplan entfernt hat, nicht besonders glücklich ist. Er verspürt äußeren Druck und die alltäglichen Dinge seines Lebens gelingen nur mühsam oder gar nicht. Ein Mensch hingegen, der seinem Lebensplan sehr nahe kommt, strahlt etwas sehr Anziehendes aus und macht einen sehr glücklichen Eindruck. Er ruht in sich selbst und befindet sich am „richtigen" Ort.

Wenn wir vom Lebensplan oder von der persönlichen Matrix sprechen und darüber

Der Glaubenssatz, dass der persönliche Lebensplan von Mühsal und Leiden geprägt sei, ist ein Implantat, das uns von unserem tatsächlichen Lebensplan entfremdet.

Der Lebensplan ist wie eine persönliche Matrix, die eine Fülle von Fähigkeiten und Stärken beinhaltet.

nachdenken, begeben wir uns auf eine Gratwanderung. Denn häufig hören wir in diesem Zusammenhang: „Wenn alles vorgegeben ist, dann kann ich ja sowieso nichts machen, dann muss ich mich meinem Schicksal fügen." Genau darin liegt allerdings der Irrtum in Form von fehlgeleiteten Glaubenssätzen, die mit dem Lebensplan in Verbindung gebracht werden. Daher wollen wir Folgendes klarstellen:

> ➢ Es ist ein Irrtum zu glauben, dass die Erfüllung des persönlichen Lebensplans über leidvolle Mühe vollbracht werden muss. Anstrengungen machen nur dann Sinn, wenn sie uns erfüllen und befriedigen.

> ➢ Die persönliche Matrix (der persönliche Lebensplan) beinhaltet Fähigkeiten und Potentiale. Entfalten wir diese, so entfaltet sich in uns *Lebensfreude und Leichtigkeit.*

> ➢ Die „Vorgaben" in der persönlichen Matrix wollen keinesfalls, dass wir uns in eine Schicksalsergebenheit einbegeben. Sie fordern von uns vielmehr, erkannt, verwirklicht und konkret genutzt zu werden.

Um es nochmals klarer auszudrücken: Die Vorgaben des Lebensplans sagen nicht, was wir nicht tun sollen. Sie zeigen uns, *worin unsere Stärken liegen.* Es macht wenig Sinn, mit einem Geländewagen ein Formel 1 Rennen zu fahren, wobei dieser im schwierigen Gelände seine Fähigkeiten voll entfalten kann.

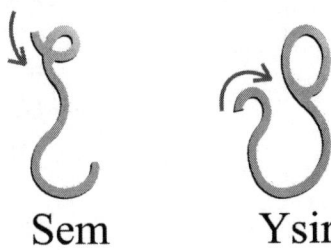

Sem Ysir

25, CODE ZUR ERINNERUNG AN DEN LEBENSPLAN

Das Zeichnen des Codes:
1. SEM *Mit tanzenden Rhythmen kehrt Leichtigkeit ein.*
2. YSIR *Den Samen bewegt die verwandelnde Kraft.*

Die Wirkung auf die Matrix:
Dieser Code befreit uns von jenen Fehlprogrammen, die uns am **Erkennen und Begreifen des persönlichen Lebensplanes** behindern. Gleichzeitig zeigt er uns, dass dieser persönliche Lebensplan in etwas noch größeres – in die globale Matrix, den globalen Lebensplan eines Volkes und der gesamten Menschheit – einverwoben ist.

SEM löscht den Glauben an die Mühsal, löscht dieses Fehlprogramm und bringt Leichtigkeit und Schönheit in unseren Lebensfluss. Damit wird der Weg zum tatsächlichen Lebensplan frei gelegt, die persönliche Matrix kann aktiv werden.
Mit YSIR wird die Erinnerung an die Potentiale und Stärken, die dem Ganzen dienlich

sind, wachgerufen. Wir erkennen die persönliche Matrix als Teil der globalen Matrix.

Beide Symbole stellen Transformationskräfte dar.

Praktische Anwendung:

Sage innerlich oder sprich es laut aus: *„Ich lade das Erkennen meines Lebensplans in mein Leben ein!"*

Zeichne dann vor dir den Code mit seinen Bewusstseinsformeln.

Wiederhole dies mehrfach und beobachte, was sich in deinem Leben bewegt und verändern will.

Elim   Sem

26, CODE ZUR WANDLUNGSFÄHIGKEIT

Das Zeichnen des Codes:
1. ELIM *Die offene Matrix das Neue erschafft.*
2. SEM *Mit tanzenden Rhythmen kehrt Leichtigkeit ein.*

Die Wirkung auf die Matrix:
Dieser Code hilft uns besonders dann, wenn unser Leben nach Veränderungen verlangt und von uns eine **innere Beweglichkeit** fordert. Diesen Code empfehlen wir besonders dann, wenn ein Mensch sich vor jeder Veränderung ängstigt und sich dadurch den eigenen Lebensfluss blockiert.

Das Symbol ELIM öffnet unser persönliches Energiefeld, während SEM darin die Freude an der Bewegung und Wandlung einfließen lässt.

Öchim   Ysir

27, CODE FÜR ÜBERGANG UND NEUORIENTIERUNG

Das Zeichnen des Codes:
1. Öchim *Den Anker gelöst zyklisch fließend und frei.*
2. Ysir *Den Samen bewegt die verwandelnde Kraft.*

Die Wirkung auf die Matrix:

Dieser Code hilft uns in allen **Übergangssituationen**, durch die etwas gänzlich Neues auf uns zukommt, wie Schwangerschaft, Schulanfang, Pubertät, Berufswechsel, Veränderungen in der Partnerschaft, Scheidung usw. Er macht uns Mut, „mit der Kraft zu gehen" und die Entscheidungen so zu treffen, wie sie im Sinne unseres Lebensplanes stattfinden wollen.

Dieser Code kann auch wie ein **Startimpuls für Veränderungen** wirken, besonders dann, wenn wir mit einer Situation oder mit unseren Lebensumständen nicht zufrieden sind.

Öchim löst den Anker, entbindet uns aus der Anhaftung an die aktuellen Umstände. Wir

bekommen Mut, um in die neuen Lebensumstände hineinzugehen.

Mit YSIR laden wir unsere persönliche Matrix ein, aktiv zu werden. Dadurch bekommt
all das, was sich gemäß unserem Lebensplan vollziehen will, eine besondere Kraft,
wird sichtbar und für uns verstehbar.

Aluef   Öchim

28, CODE FÜR MUT UND NEUBEGINN

Das Zeichnen des Codes:
1. ALUEF *Im Anfang der Zeiten beginnt alle Kraft.*
2. ÖCHIM *Den Anker gelöst zyklisch fließend und frei.*

Die Wirkung auf die Matrix:
Ähnlich dem vorigen Code kann auch dieser in neuen, ungewohnten Situationen angewendet werden. Er hilft uns **die Ängste bei Neuanfängen** aufzulösen.

ALUEF initiiert unsere inneren Kräfte und unseren Mut. Mit ÖCHIM sind wir für das Neue offen und bereit.

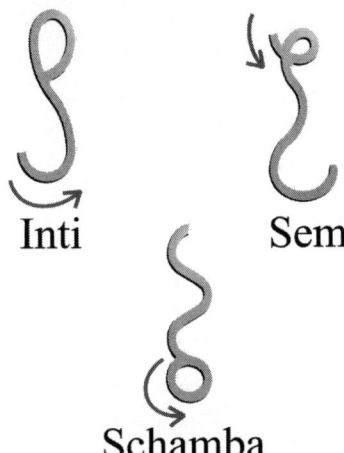

Inti   Sem

Schamba

29, CODON FÜR LEBENSMUT

Das Zeichnen des Codons:
1. SCHAMBA *Im Kreise gedreht und die Matrix geklärt.*
2. INTI *In klarem Bewusstsein der Mensch neu erwacht.*
3. SEM *Mit tanzenden Rhythmen kehrt Leichtigkeit ein.*

Die Wirkung auf die Matrix:
Dieses Codon hilft uns **nach schwierigen, dramatischen Ereignissen** wieder neuen **Lebensmut** zu finden. Innere Verhärtungen, die nach dramatischen Geschehnissen auftreten können, um das Geschehene zu verdrängen, werden aufgelöst, damit eine heilsame Verarbeitung stattfinden kann.

Das Symbol SCHAMBA klärt das Erlebte, lässt es nicht ins Unterbewusste entschwinden, sondern transformiert die darin gebundene Energie.
INTI öffnet uns für neue Ideen und neue Visionen, während SEM wieder Lebendigkeit in unser Leben einfließen lässt.

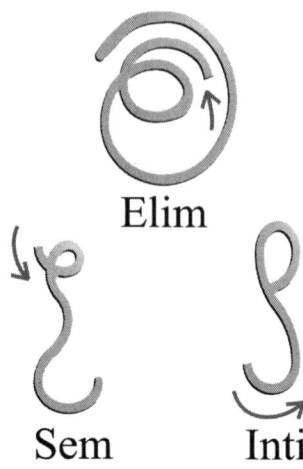

Elim

Sem   Inti

30, CODON FÜR KREATIVITÄT

Das Zeichnen des Codons:
1. SEM *Mit tanzenden Rhythmen kehrt Leichtigkeit ein.*
2. INTI *In klarem Bewusstsein der Mensch neu erwacht.*
3. ELIM *Die offene Matrix das Neue erschafft.*

Die Wirkung auf die Matrix:
Dieses Codon fördert unseren Geist und unseren Einfallsreichtum bei **jeder kreativen Tätigkeit**. Die beiden Ebenen – Intuition und mentale Bewusstheit – werden miteinander harmonisch verwoben. Daraus entspringt die kreative Kraft.

Mit SEM beginnt eine spielerische Leichtigkeit, ein lebendiger intuitiver Tanz, der durch INTI bewusste und klare Impulse erhält. Diese Verbindung von Intuition und Bewusstheit ergibt eine kreative Kraft, welche durch ELIM Raum einnimmt.

Praktische Anwendung:

Zeichne vor dem Beginn der kreativen Tätigkeit dieses Codon mit den Bewusstseinsformeln vor dir in den Raum. Kreativität bezieht sich nicht alleine auf die künstlerische Tätigkeit. Im Prinzip ist jede Handlung, wenn wir sie mit Freude und aus dem Herzen heraus tun, ein zutiefst kreativer Akt.

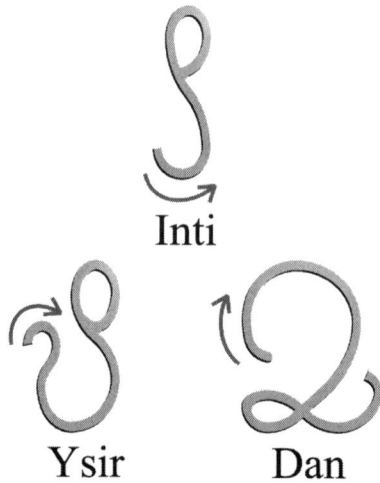

Inti

Ysir   Dan

31, CODON FÜR WERTFREIE WAHRNEHMUNG

Das Zeichnen des Codons:

1. YSIR *Den Samen bewegt die verwandelnde Kraft.*
2. DAN *Mit wandelnder Schleife den Ursprung erkannt.*
3. INTI *In klarem Bewusstsein der Mensch neu erwacht.*

Die Wirkung auf die Matrix:

Dieses Codon hilft uns auf unseren Lebenswegen immer dann, wenn wir **eine Situation klar einschätzen** wollen, ohne uns zu sehr von eigenen Emotionen oder von vorgegebenen Meinungen beeinflussen zu lassen. Es geht um eine völlig wertfreie Einschätzung der Lage.

Auch für Therapeuten kann dieses Codon sehr hilfreich sein, um zu erkennen, worum es tatsächlich geht, wo die Wurzeln des Problems eines Klienten liegen.

Praktische Anwendung:

Schreibe jene Situation, die du besser begreifen und erkennen möchtest, auf ein Blatt Papier. Formuliere sie so klar wie möglich und vermeide dabei bereits alle wertenden Beschreibungen.

Zeichne nun über diesen Text das Codon mit den Bewusstseinsformeln.

Gehe nun an einen anderen Ort, verlasse z. B. den Raum.

Kehre nach ein paar Minuten zurück und formuliere danach die Situation nochmals, ohne dabei die erste Formulierung zu lesen.

Hat sich etwas verändert? Was ist neu?

Sollte sich nichts verändert haben, führe die Übung tags darauf nochmals aus.

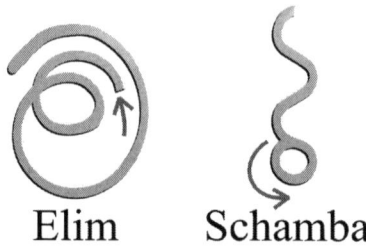

Elim   Schamba

32, CODE FÜR WERTFREIHEIT

Das Zeichnen des Codes:
1. ELIM *Die offene Matrix das Neue erschafft.*
2. SCHAMBA *Im Kreise gedreht und die Matrix geklärt.*

Die Wirkung auf die Matrix:
Eine ganz ähnliche Wirkung wie das vorige Codon hat dieser Code, mit dem Unterschied, dass dieser Code **den neutralen Standpunkt** uns einnehmen lässt. Wenn es uns schwer fällt, neutral zu bleiben, wenn wir uns durch Ereignisse oder durch andere Menschen sehr leicht aus der Fassung bringen lassen, hilft uns dieser Code. Wir lernen, uns von und durch unsere Emotionen nicht mehr bestimmen zu lassen.

Wir können bei wiederholter Anwendung dieses Codes durch andere Menschen, die in uns bestimmte Emotionen auslösen wollen (Ängste, aber auch – was meist wesentlich subtiler und auch wirksamer ist – schlechtes Gewissen) nicht mehr gelenkt und manipuliert werden.

ELIM öffnet den Raum und schafft ein *neutrales Feld*, einen freien Raum. SCHAMBA neutralisiert sowohl die beabsichtigten, als auch die unbewussten Manipulations-versuche eines anderen Menschen. Es werden dabei die Frequenzmuster, die von einem anderen ausgehen und uns gegen unseren eigenen Willen lenken wollen, auf „Null" gesetzt und umgewandelt.

Praktische Anwendung:
Wenn du die Fähigkeit üben möchtest, auch unter schwierigen Umständen dich nicht über Emotionen lenken und manipulieren zu lassen, verwende diesen Code. Zeichne ihn mehrmals täglich vor dir in den Raum und sprich die Bewusstseinsformeln dazu. Es macht besonders Sinn, dies vor dem Einschlafen zu tun. Wiederhole diese Übung jeden Tag, solange es dir Freude bereitet.

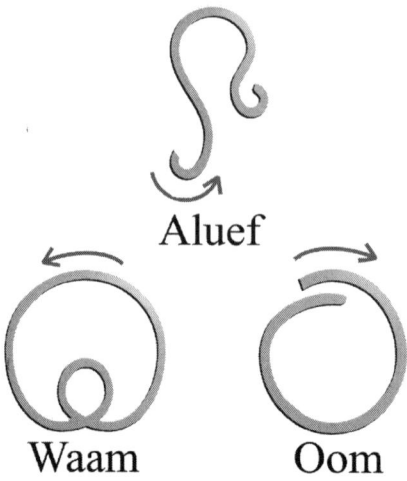

Aluef

Waam   Oom

33, CODON FÜR DIE INITIATION DER GEBURT

Das Zeichnen des Codons:

1. WAAM *Verkleinert, vergrößert und sichtbar gemacht.*
2. OOM *Den Kreislauf vollendet die Lichtkraft der Zeit.*
3. ALUEF *Im Anfang der Zeiten beginnt alle Kraft.*

Die Wirkung auf die Matrix:

Dieses Codon fördert jede Form der Geburt, sowohl die Geburt eines Kindes, als auch im übertragenen Sinn die Geburt von Projekten, der Eröffnung einer Praxis oder einer Firma usw.

WAAM symbolisiert die Kraft, welche aus dem großen Ganzen in die konkrete, individuelle Form führt. Das Kind, das geboren wird, tritt aus dem großen allgemeinen Bewusstseinskollektiv und aus der Symbiose mit der Mutter heraus. Es betritt nun einen kleineren, aber speziellen, *individuellen* Bereich. Es kommt aus dem großen Ganzen, dem *Wir sind*, und inkarniert in das kleinere aber ebenso bedeutsame *Ich bin*.

Bei der Geburt von Projekten symbolisiert WAAM das Heraustreten aus dem allgemeinen Bereich der Ideen in die konkrete Form.

Mit OOM wird der Geburtskanal dargestellt, der Tunnel, der in die irdische Raum-Zeit-Wirklichkeit hineinführt.

ALUEF vollendet diese Vorbereitungen und gibt den entscheidenden Startimpuls.

Praktische Anwendung:

Bei der Geburt eines Kindes zeichne das Codon über den Bauch der Gebärenden.

Bei der Geburt im übertragenen Sinn stelle das Projekt dar (indem du es z. B. aufschreibst) und zeichne darüber das Codon.

Öchim

Kler   Brahm

34, CODON FÜR DIE INITIATION DES ÜBERGANGS

Das Zeichnen des Codons:

1. KLER *Aus kosmischer Quelle die hilfreiche Kraft.*
2. BRAHM *Vollendete Schönheit in wahrer Gestalt.*
3. ÖCHIM *Den Anker gelöst zyklisch fließend und frei.*

Die Wirkung auf die Matrix:

Immer wieder stehen wir auf unseren Lebenswegen **vor einer Reise**, die uns **ins Ungewisse** führt. Wir treten diese Reise an, um Erfahrungen zu sammeln und um unsere Bewusstheit zu erweitern. Dieses Codon hat die Kraft, uns für jene **Erfahrungen**, welche das Leben für uns bereithält, zu **öffnen**.

Es kann sich um eine konkrete Reise, aber auch um eine Reise im übertragenen Sinne handeln (wenn wir uns z. B. auf einen neuen Beruf, einen neuen Lebensbereich usw. einlassen).

KLER lädt die hilfreichen Kräfte aus den transzendenten Ebenen ein, uns auf dieser Reise unterstützend beizustehen. BRAHM stärkt unsere eigene Herzenskraft, damit uns das, was wir erleben werden, mit Herzlichkeit und in harmonischer Form begegnen wird. Mit ÖCHIM erhalten wir dann den Startimpuls, die Anker werden gelöst und die Reise beginnt.

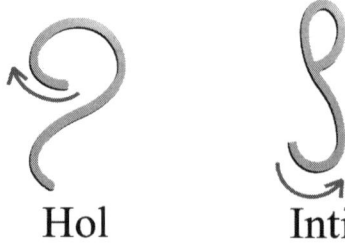

Hol   Inti

35, CODE FÜR DIE GESUNDHEIT

Das Zeichnen des Codes:
1. HOL *Im Rhythmus der Erde die klärende Kraft.*
2. INTI *In klarem Bewusstsein der Mensch neu erwacht.*

Die Wirkung auf die Matrix:

Wir betrachten die Gesundheit des Menschen als einen Zustand, der dem ursprünglichen Programm der persönlichen Matrix entspricht, während Krankheit eine Abweichung und eine Entfremdung davon, also ein Fehlprogramm in der Matrix darstellt. Die Heilung eines kranken Menschen kann nur dann wirklich stattfinden, wenn sich der Mensch **an das heile Urprogramm seiner Matrix erinnern** kann.

Weder ein Mediziner, noch ein Medikament, noch ein energetischer Heiler kann einen Menschen „gesund machen". Sie können Hilfestellungen geben, damit der Menschen *sich selbst an sein gesundes Urprogramm erinnert* und dadurch seine Selbstheilungskräfte aktiviert.

Diesen Code begreifen wir als ein sehr effektives energetisches Hilfsmittel für diese

Erinnerung. Wir können es bei jeder Form von Krankheiten anwenden.

HOL symbolisiert in diesem Code einerseits die Ableitung der krankmachenden Energien und andererseits die Verbindung mit der nährenden Kraft, mit dem „Lebenssaft" der Mutter Erde.
INTI stellt die Bewusstwerdung und die Erinnerung an den vollkommenen Gesundheitszustand und an die Selbstheilungskräfte dar.

Praktische Anwendung:
Lasse dir den Code mit seinen Bewusstseinsformeln dreimal in deine Aura oder über die kranke Körperstelle einzeichnen. Sowohl der Überträger des Codes, als auch du selbst konzentrieren sich währenddessen auf den vollkommen gesunden Zustand deines Körpers.

Eine andere Anwendungsmöglichkeit besteht darin, die Information des Codes auf Wasser zu übertragen. Zeichne dazu den Code über ein Glas Wasser und sprich die Bewusstseinsformel dazu. Trinke dann dieses Wasser langsam.

Öchim

Inti Vlam

36, DAS CODON WUNDER DES LEBENS

Das Zeichnen des Codons:

1. INTI *In klarem Bewusstsein der Mensch neu erwacht.*
2. VLAM *Aus drehenden Kreisen ein sinnlicher Klang.*
3. ÖCHIM *Den Anker gelöst zyklisch fließend und frei.*

Die Wirkung auf die Matrix:

Wir erleben auf unseren Lebenswegen immer wieder **nach Beendigung eines Lebensabschnittes** die **Geburt in ein neues Leben**. Dieses Codon hilft uns dabei, das vergangene Leben loszulassen und voller Freude und Mut in das Neue einzutreten.

Der Startimpuls für dieses Codon geht von INTI aus, unser Bewusstsein wird auf die neue Situation ausgerichtet. Mit VLAM entsteht eine Zeitlinie, über die wir das Vergangene verabschieden und für das Kommende hilfreiche und freudvolle Kräfte einladen können. Mit ÖCHIM werden die Ver-

ankerungen gelöst und die Reise in das neue
Leben beginnt.

Praktische Anwendung:
Schau nochmals auf das zurück, was gera-
de hinter dir liegt.
Blicke dann auf das Neue, das nun vor dir
liegt.
Zeichne das Codon mit seinen Bewusst-
seinsformeln vor dir in den Raum. Lade die
Freude für das Neue in deinem Leben ein.

Bei einem Neugeborenen kann dieses Codon
täglich in seine Aura eingezeichnet werden.
Es hilft dem Neugeborenen, um hier auf dieser Erde und in diesen Raum-Zeit-Bedingungen anzukommen.

ERKENNTNIS

Über die irdischen Erfahrungen entsteht in unserem Bewusstsein eine Verfeinerung und Erweiterung der Strukturen. Unsere Erkenntnisfähigkeit reicht dadurch weiter in das Universum hinaus.

Bewusstseinserweiterung kommt dadurch zustande, dass wir *unsere Matrix - unsere Fähigkeiten und Stärken – leben*.

Unsere Lebenswege führen uns durch weites Land. Wenn wir es dem Leben gestatten, werden wir auf diesen Wegen eine Fülle von Erfahrungen durchwandern. Auf unseren Wegen kommt es nicht drauf an, worin diese Erfahrungen bestehen. Es ist letztendlich völlig gleich, ob wir Ansehen und Reichtum erlangen, oder nicht. Was eigentlich zählt ist, *wie wir unsere Wege gehen* und inwieweit wir *für die Erfahrungen offen* sind. Am Ende dieser Reise werden wir nichts mitnehmen, keinen Besitz und keinen Ruhm. Was wir aber jedenfalls mitnehmen werden, ist die Bereicherung unseres Bewusstseins, zu der wir in diesem Leben fähig waren.

Die Bereicherung unseres Bewusstseins kommt dadurch zustande, dass wir unsere Fähigkeiten und Talente, die wir in unserer persönlichen Matrix verankert haben, erkennen, entfalten und *innerhalb dieser irdischen Bedingungen* leben. Je mehr wir unsere eigene Matrix begreifen und je mehr wir sie in den irdischen Raum-Zeit-Bedingungen realisieren, umso größer ist die Verfeinerung unseres gesamten Bewusstseins. Unser Bewusstsein erhält dadurch komplexere Formen und eine erweiterte Erkenntnisfähigkeit.

Eine grundlegende Erkenntnis liegt darin, dass wir einerseits zu allem fähig sind und

dass andererseits all unsere Schöpfer-
fähigkeit nur innerhalb eines „großen globalen Planes" nachhaltigen Erfolg haben
kann. Alles, was wir außerhalb dieses Planes vollbringen, wird nur von kurzzeitiger
Dauer sein und kaum nennenswerte Erfahrungen mit sich bringen. Erst das zurück-
finden in den großen Plan wird jene Erfah-
rungswerte beinhalten, die sowohl unser
individuelles, als auch das globale Bewusstsein bereichern.

Wir haben viel begriffen, wenn wir erkennen, dass wir Individuen sind, die untrennbar mit kollektiven Bewusstseinsebenen verbunden sind. Es kann sich uns ein weites
Erfahrungsfeld eröffnen, wenn wir weiters
begreifen, dass der Planet Erde eine großartige Wesenheit ist, die unser menschliches
Bewusstseinskollektiv aufgenommen hat,
damit wir auf ihr unsere Welten aufbauen
und unsere Erfahrungen machen können.
Sobald wir allerdings vergessen, dass wir
alle es mit der Wesenheit Mutter Erde zu
tun haben, entzieht sich uns auch das von
ihr bereit gestellte Erfahrungsfeld und unser konkretes Leben verliert an Sinn und an
Lebendigkeit.

Die folgenden Codes und Codons zeigen
Möglichkeiten, wie wir uns jenen Erkenntnissen, die wir auf diesem Planeten finden
wollen, annähern und wie wir sie erreichen
können.

Inti

Naal

Ulun

37, DAS CODON DER INITIATION DES BEWUSSTSEINS

Das Zeichnen des Codons:

1. NAAL *Die aufwärts sich drehende Einkehr im Selbst.*
2. ULUN *Aus klärender Tiefe erneuernd befreit.*
3. INTI *In klarem Bewusstsein der Mensch neu erwacht.*

Die Wirkung auf die Matrix:

Wir betrachten das Gehirn als „Schnittstelle", als Brücke zwischen unserem Bewusstsein und unserer dreidimensionalen, irdischen Existenz. In unserer körperlichen Wahrnehmungsfähigkeit können wir nur auf äußerst geringe Anteile unseres Gesamtbewusstseins zugreifen. Je besser diese Schnittstelle aber funktioniert, je durchlässiger sie wird, umso bewusster können wir unsere Lebenswege durchwandern und umso wertvoller werden unsere irdischen Erfahrungen für uns sein.

Wir erhalten eine große Durchlässigkeit sicherlich dadurch, dass wir unser Gehirn intellektuell schulen. Dies ist aber nur eine Möglichkeit, denn durch den Intellekt alleine begreifen wir noch nicht besonders viel. Der andere Weg, der einen größeren Zugang zu unserem Bewusstsein sicherlich fördert, führt durch eine geistig-spirituelle Schulung.

Dies ist ein Codon **für unsere Bewusstwerdung**. Es fördert sowohl unseren **Intellekt**, als auch unsere **geistig-spirituelle, intuitive Reife**. Dadurch werden wir offen für jene irdischen Erfahrungen, die unser Bewusstsein bereichern.

Durch das Symbol NAAL finden wir uns in einer inneren, meditativen Ruhe ein. Durch ULUN erinnern wir uns an die Fülle und Größe unseres gesamten Bewusstseins, mit dem uns INTI wieder verbindet. Die Brücke zwischen unserem großen Bewusstsein und unserer irdischen, körperlichen Existenz wird freigelegt und ausgebaut.

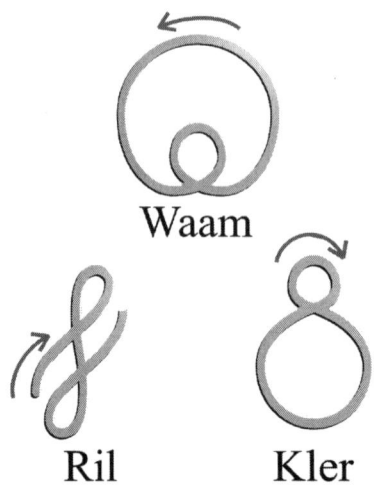

Waam

Ril   Kler

38, CODON FÜR ERKENNTNIS UND GEISTIGE KLÄRUNG

Das Zeichnen des Codons:

1. RIL *Den Kurs korrigierend auf offener See.*
2. KLER *Aus kosmischer Quelle die hilfreiche Kraft.*
3. WAAM *Verkleinert, vergrößert und sichtbar gemacht.*

Die Wirkung auf die Matrix:

Wenn wir uns auf einer spirituellen Suche, **auf einem Erkenntnisweg** befinden, kann uns dieses Codon wertvolle Impulse geben. Es korrigiert unsere Sichtweisen, falls wir uns aufgrund bestimmter Glaubens- und Vorstellungsmuster selbst beschränkt haben. Unser Blick wird wieder befreit, geklärt und geweitet.

Durch RIL findet eine Kurskorrektur in unseren Gedankenmustern statt. Über KLER empfangen wir Impulse aus den kollektiven Bewusstseinsebenen, während mit WAAM unser spiritueller Blick geklärt und geschärft wird.

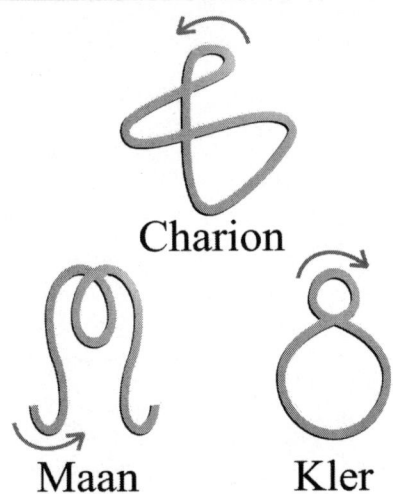

Charion

Maan   Kler

39, CODON FÜR DIE REISE HINTER DEN HORIZONT

Das Zeichnen des Codons:

1. MAAN *Mit sicherer Kraft in stabiler Gestalt.*
2. KLER *Aus kosmischer Quelle die hilfreiche Kraft.*
3. CHARION *In dreifacher Drehung den Zielort erreicht.*

Die Wirkung auf die Matrix:

Es geht hier um eine spirituelle Reise, die uns **über den bisherigen Horizont** unserer Vorstellungen und Glaubenssätze **hinausführt**. Wenn wir etwas erkennen und begreifen wollen – im wissenschaftlichen Sinn, auf spiritueller Ebene oder im Bezug auf unsere Lebensumstände - so kann uns dieses Codon gänzlich neue Wege zeigen.

Wesentlich ist dabei, dass wir auf dieser Reise geerdet bleiben und nicht den Boden unter den Füssen verlieren, aber dennoch bereit dazu sind, um uns von den gewonnenen Erkenntnissen überraschen zu lassen.

Durch MAAN entsteht eine Stabilität und Selbstsicherheit in uns selbst. Wir bleiben in Verbindung mit den irdischen Gegebenheiten, wir heben nicht ab, da eine weltfremde, irreale Erkenntnis für niemanden vorteilhaft wäre.

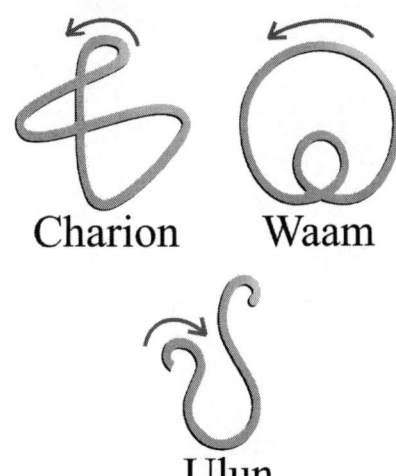

Charion Waam

Ulun

40, CODON FÜR DIE ENTDECKUNG NEUER SICHTWEISEN

Das Zeichnen des Codons:

1. ULUN *Aus klärender Tiefe erneuernd befreit.*
2. CHARION *In dreifacher Drehung den Zielort erreicht.*
3. WAAM *Verkleinert, vergrößert und sichtbar gemacht.*

Die Wirkung auf die Matrix:

Auch bei diesem Codon geht es, wie beim vorigen, darum, **vorhandene Denkmuster zu erweitern** und neue Perspektiven zu entdecken. Die Betonung bei diesem Codon liegt in der Erschaffung neuer Sichtweisen auf der geistig-spirituellen Ebene, um auch transzendente, „nicht sichtbare" aber dennoch wirksame Zusammenhänge erkennen zu können.

Mit ULUN gehen wir auf den Grund, an die Wurzeln jener Gegebenheit, die wir besser begreifen wollen. Durch CHARION treten wir wieder jene Reise an, die uns über unsere Vorstellungen hinausführt, während WAAM unsere Erkenntnisfähigkeit fördert.

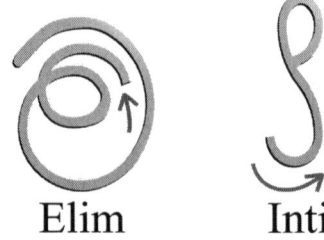

Elim   Inti

41, CODE ZUR ÖFFNUNG FÜR VISIONEN

Das Zeichnen des Codes:
1. ELIM *Die offene Matrix das Neue erschafft.*
2. INTI *In klarem Bewusstsein der Mensch neu erwacht.*

Die Wirkung auf die Matrix:
Wenn wir nach einer **Vision** suchen, die uns **auf unseren Wegen leiten** kann, öffnet das Zeichnen dieses Codes mit seinen Bewusstseinsformeln unser Wahrnehmungsfeld dafür.

ELIM öffnet den Raum und macht uns bereit, während INTI die Vision, die Idee und den Geistesblitz einladet.

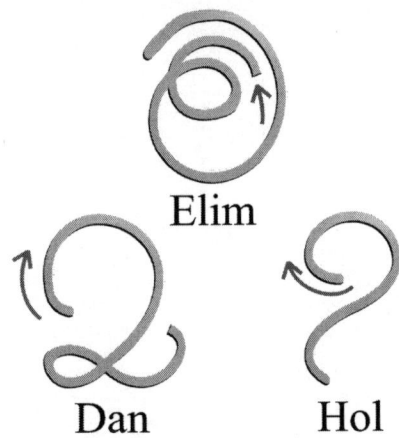

Elim

Dan   Hol

42, CODON DES SCHLÜSSELS ZU WEISHEIT

Das Zeichnen des Codons:

1. DAN *Mit wandelnder Schleife den Ursprung erkannt.*
2. HOL *Im Rhythmus der Erde die klärende Kraft.*
3. ELIM *Die offene Matrix das Neue erschafft.*

Die Wirkung auf die Matrix:

In diesem Codon ist der 6. Code, *das Ende aller Täuschungen*, enthalten. Wir werden im ersten Schritt durch DAN an unsere Ursprungsvision erinnert. Dieses Erwachen ermöglicht es uns, die „Implantate", die blockierenden Glaubenssätze und Vorstellungsmuster, aufzulösen und uns zu befreien. Dies ereignet sich durch die Kraft von HOL.

Durch den befreiten Zustand eröffnet sich uns ein weiter Raum, was durch ELIM symbolisiert wird. Wir können diesen Raum durchwandern und werden dort jene Erkenntnisse finden, die uns zu Weisheit und Klarheit führen.

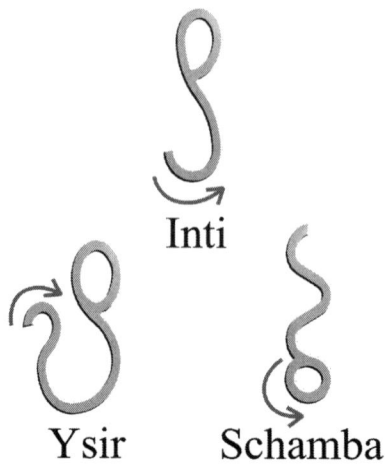

Inti

Ysir   Schamba

43, Das Codon Wir sind

Das Zeichnen des Codons:

1. Ysir *Den Samen bewegt die verwandelnde Kraft.*
2. Schamba *Im Kreise gedreht und die Matrix geklärt.*
3. Inti *In klarem Bewusstsein der Mensch neu erwacht.*

Die Wirkung auf die Matrix:

Wir entstammen einem kollektiven Bewusstsein, dem *Wir sind*. Durch unsere Geburt treten wir in eine Individualität ein, in das *Ich bin*, das weiterhin mit dem Kollektiv verbunden bleibt. Am Ende unserer irdischen Reise kehren wir in das Kollektiv wieder zurück, voller Erfahrungen, ohne aber dadurch unsere Individualität aufzugeben. Diesen Zustand nennen wir das *Ich bin im Wir sind*. Dieser Kreislauf wiederholt sich, solange, bis wir unser Bewusstsein ausreichend erweitern konnten und wir uns auf andere kosmische Abenteuer einlassen werden.

Auf diese Weise begreifen wir den Kreislauf von Geburt, Tod und Wiedergeburt.

Das, was der Mensch im Moment allerdings stark übertreibt, ist seine Individualisierung. Er geht dabei soweit, dass er seine Verbundenheit mit dem Kollektiv nahezu gänzlich vergessen hat und sie nicht mehr wahrnimmt.
Dieses abschließende Codon zeigt uns eine Möglichkeit, wie wir uns wieder **gezielt zu Bewusstseinskollektiven verbinden** können.

Die beiden Symbole YSIR und SCHAMBA lösen Egostrukturen, die uns zu sehr vom Kollektiv trennen, auf und transformieren sie. Diese Kräfte, die in den überzeichneten Egostrukturen gebunden waren, werden nun frei und richten sich auf das Kollektiv aus.
Mit INTI erhalten wir einen Impuls, der uns in das Bewusstseinskollektiv eintreten lässt.

Praktische Anwendung:
Eine Gruppe von Menschen, die sich bewusst auf einer geistig-mentalen Ebene verbinden möchte, kann dies über eine gezielte Meditation tun. Wichtig ist dabei nicht, dass sich alle Menschen am selben Ort befinden, wohl aber, dass sie diese Meditation mehr oder weniger zum selben Zeitpunkt durchführen.
Wie die Meditation gestaltet wird, bleibt der Kreativität jedes einzelnen überlassen. Wesentlich sind dabei die folgenden Elemen-

te: Jeder Teilnehmer konzentriert sich auf das Bewusstseinskollektiv, mit dem er sich verbinden möchte. Danach zeichnet jeder das Codon *Wir sind* vor sich in den Raum, wobei der Meditationsleiter (oder die gesamte Gruppe) die Bewusstseinsformeln sprechen.

Über diese bewusste Vernetzung entsteht eine kollektive, kreative Kraft, durch die wir an ein schöpferisches Potential herankommen, mit dem wir die Lebensumstände auf diesem Planeten nachhaltig verbessern können.

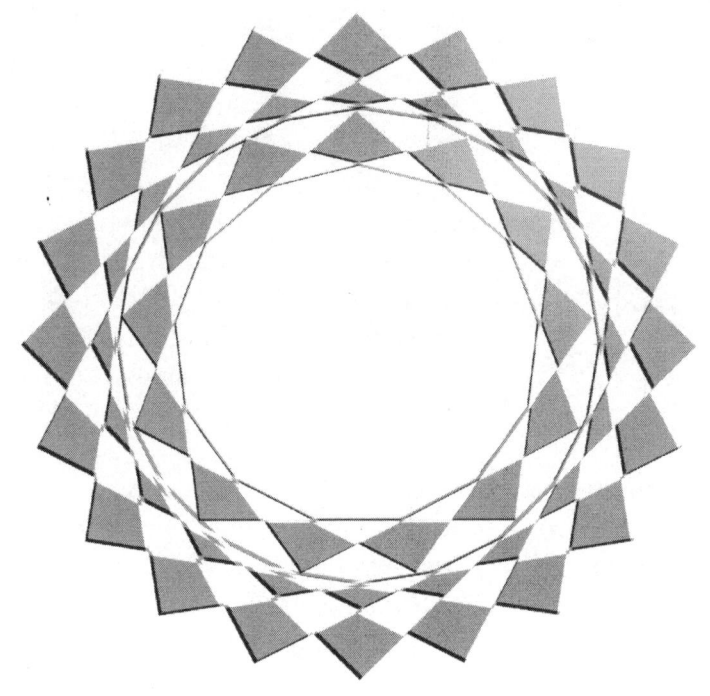

ZEITZYKLEN

DIE MUSTER DER ZEIT UND
DAS PERSÖNLICHE ZEITSIEGEL

DIE MUSTER DER ZEIT

Wir haben in diesem Buch eine Fülle an Methoden gezeigt, über die wir die Matrix bewusst verändern und verbessern können. Die Matrix haben wir als jenes komplexe Programm begriffen, welches die Wirklichkeit erzeugt – und somit auch die irdischen Realitäten. Somit sind die Ergebnisse der Matrix auch die irdischen *Raum-Zeit-Bedingungen*. In diesem Kapitel befassen wir uns nun mit einem ganz wesentlichen Aspekt der irdischen Realität, nämlich mit der Zeit.

Die verschiedenen Zeitqualitäten bilden Muster, die zyklisch wiederkehren.

Die Zeitmuster sind von unendlich komplexer Natur. Es gibt unterschiedliche Ansätze, um sie zu begreifen.

Wir betrachten die Zeit dabei nicht als etwas Lineares und Neutrales, sondern gehen davon aus, dass jeder Zeitabschnitt eine ganz bestimmte Zeit*qualität* hat. Dadurch sind wir in der Lage, in den Zeitabläufen bestimmte *Zeitmuster* zu erkennen.

Wir meinen mit „Zeitqualität" das Phänomen, dass sich bei gewissen Zeitqualitäten die Ereignisse in einer anderen Art und Weise gestalten, als in Zeiten mit anderen Zeitqualitäten. Lässt man sich darauf ein, so erkennt man, dass gewisse Zeitqualitäten *in Zyklen wiederkehren*. Sehr augenscheinlich ist der Zyklus der Jahreszeiten. Es ist klar, dass wir in unseren Breiten z. B. zu Frühjahrsbeginn eher fröhlicher gestimmt sind, als in den dunklen nebelgrauen Tagen des späten Novembers.

Neben den Jahreszeitlichen Zyklen gibt es wohl auch andere Zyklen, die durch verschiedene Systeme dargestellt werden können. Eines dieser Systeme ist die *Astrologie*, die einen Bezug zwischen den Umlaufbahnen der Planeten und den irdischen Zeitqualitäten herstellt. Dass der Mensch bestimmte Ereignisse „aus den Sternen" vorhersagen will, ist archetypisch in uns angelegt und sicherlich mehr als nur Aberglaube (zumindest dann, wenn Astrologie seriös betrieben wird und über das „Tageszeitungshoroskop" hinausgeht).

Andere Ansätze zum Verständnis der Zeitqualitäten sind uns aus der Tradition der Mayas überliefert. Der grundlegende Zyklus des Mayakalenders ist **der Tzolkin**, was übersetzt „die Tageszählung" bedeutet. Der Tzolkin besteht aus einem Zyklus von genau 260 Tagen und baut auf einem 20 mal 13 System auf. Jeder Tag, der sich in der Zählung des Tzolkins an derselben Stelle befindet, ist mit jedem anderen Tag, der dieselbe Tzolkin-Nummerierung hat, verbunden; beiden Tagen wird eine ähnliche Zeitqualität zugewiesen. Wenn wir also heute den 6.1.2005 haben, so besitzt dieser Tag ähnliche Zeitqualitäten wie der 23. 9. 2005 (260 Tage später) oder der 10. 6. 2006 (2 mal 260 Tage später) usw.

Wir haben den Zyklus des Tzolkin genau untersucht und fanden sehr exakte Korrelationen mit der Umlaufbahn und der Eigen-

Der Tzolkin ist ein Zyklus der Zeitqualitäten, der über genau 260 Tage geht.
Er stammt aus der Zeitauffassung der Mayas.

drehung der Venus. Wir wissen übrigens auch von den Mayas, dass sie sich sehr genau mit den Venusrunden befasst hatten.

Viel interessanter ist in diesem Zusammenhang aber wahrscheinlich eine empirische Untersuchung von Daten, die über den Tzolkin miteinander verbunden sind. Dafür eignen sich natürlich Daten, die sehr massiv in der Erinnerung der Menschen vorhanden sind.

Tage, die über den Tzolkin mit der Flutkatastrophe zusammen hängen, zeigen Tendenzen zu Erdbeben oder Wasserkatastrophen.

Am 26. 12. 2004 löst ein Seebeben im indischen Ozean eine Flutwelle aus, die als „Tsunami", als „große Welle im Hafen" über 165.000 Menschen das Leben kostet. Wenn wir dieses Datum wählen und über den 260-Tage-Tzolkin analysieren, finden wir sehr erstaunliche Zusammenhänge:

Gehen wir genau eine Tzolkinrunde zurück, so kommen wir zum 10.4.2004. 5 Tage zuvor, am 5. 4. 2004, gibt es ein starkes Erdbeben im Irak.

Gehen wir ein zweites Mal einen Tzolkin von 260 Tagen zurück, so erhalten wir den 25. 7. 2003. Einen Tag danach, am 26. 7. 2003 gab es ein schweres Erdbeben im Norden von Japan.

Eine weitere Tzolkinrunde davor kommen wir zum 7. 11. 2002, genau 7 Tage nach einem Erdbeben in Italien (vom 31.10.2002).

Eine weitere Tzolkinrunde davor liegt der 20. 2. 2002, der Tag nach schweren Überschwemmungen in Bolivien.

Wir haben hier also 5 Daten, die über den Tzolkin miteinander verbunden sind, und die alle (mit einer Toleranz von höchstens 7 Tagen) durch Erdbeben oder durch Überschwemmungen geprägt sind.

Ein anderes äußerst prägnantes Datum aus unserer Zeit ist der 11. September 2001, der Tag des Terroranschlages auf das World Trade Center in New York. Es gab übrigens bereits einmal einen Terroranschlag auf dieses Gebäude, und zwar am 26.2.1993. An diesem Tag wurden 500 kg Sprengstoff in der Tiefgarage gezündet, es entstand erheblicher Sachschaden. Erstaunlich ist aber, dass *beide Daten nahezu exakt über den Tzolkin zusammenhängen.* Vom 25. 2. 1993 (ein Tag vor dem ersten Anschlag) sind es genau 12 mal 260 Tage bis zum 11. 9. 2001. Geht man vom 11. 9. 2001 nach vorne, so sind ziemlich exakt 260 Tage danach die Aufräumarbeiten am „Ground Zero" erledigt.
Weitere 260 Tage danach, am 13.2.2003, gab es eine Terrorwarnung im Londoner Flughafen Heathrow, 7 Tage später beginnt der 3. Golfkrieg.
Auch hier ist es äußerst interessant, dass hier einige Tage, die sehr deutlich durch Terror und Krieg geprägt sind, über den Tzolkin zusammenhängen.

Wenn wir solche Zusammenhänge erkennen, so können wir diese gezielt nutzen. Besonders wenn es sich um solch dramatische Ereignisse, wie Terror oder Naturkatastrophen handelt, können wir an jenen zu-

Sowohl Terror, als auch Naturkatastrophen drücken Fehlprogramme im menschlichen Bewusstseinskollektiv aus.
Die Transformation dieser Fehlprogramme erachten wir als dringend notwendig innerhalb der nächsten Jahre.

künftigen Tage, die damit verbunden sind, auf der mentalen Ebene Heilungsarbeit leisten. Als effektives Hilfsmittel empfehlen wir dafür das *10. Codon zur Korrektur kollektiver Programme.*

Wir erkennen nämlich beides, sowohl kriegerische Auseinandersetzungen bzw. Terror, als auch Naturkatastrophen als Ausdruck massiver Probleme im globalen menschlichen Bewusstsein. Krieg und Terror ist ein Zeichen dafür, dass der Mensch sich extrem individualisiert und vergessen hat, dass er ein kollektives Wesen ist. Naturkatastrophen hingegen zeigen, dass der Mensch die Kommunikation mit der Wesenheit Mutter Erde vergessen hat. Beides können wir nur als Fehlprogramme einstufen, die es – so bald als möglich – zu korrigieren gilt.

Auch für das persönliche Leben können wir gezielt mit den Tzolkinrunden arbeiten. Besonders dann, wenn wir an einem bestimmten Tag ein dramatisches Erlebnis hatten, können wir uns einen über den Tzolkin damit verbundenen Tag wählen, um dieses Erlebnis aufzuarbeiten. Wir werden anschließend eine Tabelle angeben, über die jeder sehr einfach eigene Berechnungen durchführen kann.

DIE ZEITSIEGELSYMBOLE

Wir können die 20 Symbole, die wir in diesem Buch dargestellt haben, auch als *Zeitsiegel* interpretieren. Jedes Symbol repräsentiert dabei eine bestimmte Zeitqualität.

Die Zeitsiegel ergeben, wie wir im Kapitel „Die Strukturen der Matrix" bereits beschrieben haben, ein 5 mal 4 Schema, bestehend aus 5 Häusern und 4 Kräften. Wir können uns vorstellen, dass die Zeit durch diese 5 Häuser wandert und je nachdem, an welchem Punkt sie gerade angelangt ist, eine bestimmte „Färbung" erhält und eine bestimmte Qualität annimmt.

Wir haben diese Zeitsiegel auf den 260-tägigen Tzolkin umgelegt. Nach unseren Beobachtungen ändern sich die Zeitqualitäten phasenweise, bestimmte Zeitabschnitte haben ähnliche Zeitqualitäten. Das bedeutet, dass eine gute Darstellung der Zeitqualitäten darin besteht, bestimmten Phasen, die wir *Wellen* nennen, ein und dasselbe Zeitsiegel zuzuordnen. Konkret sieht das so aus, dass wir die 260 Tage des Tzolkin in 20 Wellen zu je 13 Tagen unterteilen, so wie dies auch bei den Mayas üblich war.

Um die Zeitsiegel nun für jedes beliebige Datum berechnen zu können, benötigen wir einen Kalibrierungspunkt, also einen Tag, von dem wir die Zeitqualität kennen. Solch

Wir übertragen die 20 Zeitsiegelsymbole auf die Muster der Zeit.
Dadurch erhalten wir 20 Wellen zu je 13 Tagen, an denen jeweils ein Zeitsiegel die Zeitqualität repräsentiert.

**Als Kalibrierungspunkt für diese Berechnungen wählen wir jenen Tag, der in der Mayatradition als Tag des Überganges in eine neue Epoche dargestellt wird:
den 21. 12. 2012**

einen Tag, der noch dazu in unserer Gegenwart liegt, haben uns die Mayas in ihren Schriften hinterlassen: Es ist dies der 21. 12. 2012, Tag der Wintersonnwende im Jahr 2012.

Wir werden dies etwas genauer betrachten: Die Mayas hatten in ihrer Tageszählung einen Anfangspunkt gewählt. Umgerechnet auf das gregorianische Datum fällt dieser auf den 11. 8. −3113. Dies ist der erste Tag der laufenden Epoche.

Die Tageszählung der Mayas hatte folgenden Aufbau:

Kin ist die Bezeichnung für einen Tag.

1 Uinal entspricht 20 Kin, also 20 Tagen.

1 Tun hatte 18 Uinal, also insgesamt 18 x 20 = 360 Tage.

1 Katun umfasste 20 Tun, das sind 20 x 360 = 7.200 Tage.

1 Baktun dauerte 20 Katun und daher 20 x 7.200 = 144.000 Tage.

Und eine **Epoche** umfasste **13 Baktun**, das sind insgesamt 1,872.000 Tage.

Diese Epoche endet am 21.12.2012. Danach beginnt eine neue Epoche.

Dem 21. 12. 2012 wird der 13. Tag des Zeitsiegels Y SIR zugeordnet.

Wir haben daher nach dieser Interpretation der Zeit mit dem 21.12.2012 einen Tag des Übergangs. Das beste Symbol, um diesen Tag darzustellen, ist das Zeitsiegel 15, Y SIR, das im Haus des Übergangs liegt und die Kraft der Transformation in sich trägt. Oder genauer gesagt: Wir kalibrieren unsere Darstellung der Zeitmuster durch die Zeitsiegel so, dass der letzte Tag der YSIR-Welle auf den 21.12.2012 fällt.

Ausgehend davon können wir nun für jedes Datum, auch für den persönlichen Geburtstag, das entsprechende Zeitsiegel berechnen.

Tun wir dies für den 11.9. 2001, so erhalten wir 19, SCHAMBA. Alle Tage, die über den Tzolkin mit diesem Tag verbunden sind (siehe oben), haben natürlich ebenfalls 19, SCHAMBA als Zeitsiegel!

Das Zeitsiegel für den 26.12.2004 (und aller damit verbundenen Tage) ist 11, SEM.

Auffallend dabei ist, dass beide Termine *durch die Kraft der Transformation* geprägt sind. Wir können dies derart interpretieren, dass die dramatischen Ereignisse dieser Tage eine Transformation der aktuellen Gegebenheiten bewirken können und dies auch wollen.

INTERPRETATION DER ZEITQUALITÄTEN

Wir werden nun hier beschreiben, welche allgemeine Zeitqualität durch die einzelnen Zeitsiegel repräsentiert wird.

Das Haus der Geburt

1, Aluef. Wir befinden uns in einer guten Zeit für einen Neubeginn. Die Kraft der Zeit zeigt sich impulsiv, feurig, aufsteigend. Männliche Eigenschaften wie Mut und Stärke sind in diese Zeitmuster einverwoben.

2, Naal. Wir befinden uns weiterhin in einer aufsteigenden Zeit, wo es um Wachstum und Erweiterung geht. Allerdings richtet sich dieser Wachstumsprozess nun nach innen, auf die inneren Werte aus.

3, Dan. In den Zeitmustern, die durch DAN dargestellt werden, geht es um jene persönlichen Visionsbilder, die jedem Menschen zugrunde liegen. Diese Bilder drängen an die Oberfläche und können unsere Wege vehement verändern.

4, Ulun. In diese Zeitmuster ist das archetypische Bild der weiblichen Urkraft und des nährenden Urgrundes einverwoben. Wenn wir dies begreifen, kann in dieser Zeit eine sehr tief greifende Stärkung unseres Urvertrauens stattfinden.

Das Haus des Bewusstseins

5, Inti. Es handelt sich um eine Zeit, in der in uns neue Ideen aufsteigen können. Ein erfrischender Wind kann unsere Gedanken klären, mentale Nebelfelder lösen sich auf. Unser Bewusstsein erhält frische Impulse.

6, Maan. Dieses Symbol repräsentiert eine Zeit der Selbstsicherheit und der inneren Stabilität. Besonders dann, wenn es uns daran mangelt, können wir die Zeit jetzt nutzen, um diese Fähigkeiten in uns zu erarbeiten.

7, Hol. Die Rhythmen der Wesenheit Mutter Erde sind in diese Zeitmuster intensiv einverwoben. Die Erde wirkt auf unser Bewusstsein korrigierend. Dadurch entsteht, wenn wir es zulassen, eine neue Orientierung.

8, Luman. In dieser Zeit tendiert unser Bewusstsein dazu, sich zu erheben und die Dinge aus einer übergeordneten Perspektive zu betrachten. Harmonisierung will überall dort, wo es nötig ist, stattfinden.

Das Haus der Kunst und Schönheit

9, Vlam. Diese Zeit eröffnet uns, wenn wir es nicht unterbinden, Sinnlichkeit und reine Lebensfreude. Außerdem eröffnet sich uns die „Zeitlinie", über die wir Vergangenheiten erlösen und Zukunft gestalten können.

10, Kler. Es treten hilfreiche, förderliche Kräfte in unser Leben ein. Dadurch kann uns die Verwirklichung unserer Ideen sehr gut gelingen. Der Zugang zu transzendenten und spirituellen Ebenen eröffnet sich.

11, Sem. Es handelt sich um eine Zeit, in der Leichtigkeit und Lebendigkeit Raum nehmen möchte. Überall dort aber, wo Dissonanzen vorhanden sind, können vehemente Transformationskräfte wirksam werden.

12, Brahm. In dieser Zeit geht es darum, dass Schönheit und Harmonie in unserem Leben Raum nehmen wollen. Weiters geht es um Begegnungen auf der Herzensebene, von Mensch zu Mensch, wie auch von Mensch zu Mutter Erde.

Das Haus des Übergangs

13, Öchim. Dieses Zeitmuster will Übergänge und Veränderungen initiieren, überall dort, wo bestehende Strukturen nicht mehr länger sinnvoll sind. Eine gute Zeit auch, um den Geldfluss ins Fließen zu bringen.

14, Ril. Es kommt zu Kurskorrekturen, besonders dann, wenn wir uns zu weit von uns selbst, von den Programmen unserer ureigenen Matrix entfremdet haben. Diese Zeit fördert die Erinnerung an unsere „Eigenfrequenz".

15, Ysir. Wir haben es mit äußerst starken Transformationskräften zu tun, wobei vor allem überzeichnete Egostrukturen aufgelöst werden wollen. Andererseits eröffnet sich uns das Tor zu kollektiven Bewusstseinsebenen.

16, Charion. Die nun wirksamen Zeitkräfte wollen uns über unsere bisherigen Vorstellungsmuster hinausführen. Es handelt sich um eine gute Zeit, um gänzlich neue Erkenntnisse hinter der sichtbaren Welt zu entdecken.

Das Haus der Matrix

17, Elim. Mit Elim eröffnen sich dir Räume und Zugänge, die uns zuvor noch nicht bekannt waren. Diese Zeit initiiert in uns ein Verständnis für unsere persönliche Matrix und für unsere Verwobenheit ins globale Spiel.

18, Waam. Unsere Wahrnehmung verfeinert sich. Wir können dahinter liegende komplexe Zusammenhänge erkennen und begreifen. Wir können vor allem auch über unser eigenes Leben reflektieren.

19, Schamba. In diesen Zeiten will eine starke Transformation unserer persönlichen, wie auch der globalen Matrix stattfinden. Fehlprogramme kommen an die Oberfläche und wollen nachhaltig aufgelöst werden.

20, Oom. Die Tzolkinrunde vollendet ihren Kreislauf. Wir befinden uns an einer Schaltstelle der Zeitzyklen und können daher nun sehr gut Vergangenheiten aufarbeiten, sowie Zukunftsprojekte planen.

DIE BERECHNUNG DES ZEITSIEGELS

Durch die folgende Tabelle können wir für jedes beliebige Datum das entsprechende Zeitsiegel berechnen. Dies macht vor allem für das eigene Geburtsdatum Sinn. Wir sehen dadurch, welches unser persönliches Zeitsiegelsymbol ist. Die Zeitmuster, die zu unserem Geburtstag aktiv waren, sagen sicherlich etwas über unser eigenes Wesen aus.

Berechnen wir z. B. das Zeitsiegel für den 7. 6. 1996.

1. Das Monat und das Jahr ergeben einen Wert, den wir aus der Tabelle ablesen. Dies ist für den Juni 1996 die Zahl 127.
2. Zu dieser Zahl addieren wir die Tageszahl des Datums (dies ist beim 7. 6. 1996 die Zahl 7) hinzu.
$$127 + 7 = 134$$
3. Mit dieser Zahl schauen wir nun in der Liste, die nach den Tabellen kommt, nach. Da 134 zwischen 131 und 143 liegt, erhalten wir für den 7. 6. 1996 das Zeitsiegel SEM.

Sollten wir im Punkt 2 eine Zahl erhalten, die über 260 liegt, so müssen wir von dieser Zahl 260 abziehen und danach in der Liste nachschauen.

TABELLEN ZUR BERECHNUNG DES ZEITSIEGELS

	Jän	Feb	Mär	Apr	Mai	Jun	Jul	Aug	Sep	Okt	Nov	Dez
1900	11	42	71	102	132	163	193	224	255	25	56	86
1901	117	148	176	207	237	8	38	69	100	130	161	191
1902	222	253	21	52	82	113	143	174	205	235	6	36
1903	67	98	126	157	187	218	248	19	50	80	111	141
1904	172	203	232	3	33	64	94	125	156	186	217	247
1905	18	49	77	108	138	169	199	230	1	31	62	92
1906	123	154	182	213	243	14	44	75	106	136	167	197
1907	228	259	27	58	88	119	149	180	211	241	12	42
1908	73	104	133	164	194	225	255	26	57	87	118	148
1909	179	210	238	9	39	70	100	131	162	192	223	253

	Jän	Feb	Mär	Apr	Mai	Jun	Jul	Aug	Sep	Okt	Nov	Dez
1910	24	55	83	114	144	175	205	236	7	37	68	98
1911	129	160	188	219	249	20	50	81	112	142	173	203
1912	234	5	34	65	95	126	156	187	218	248	19	49
1913	80	111	139	170	200	231	1	32	63	93	124	154
1914	185	216	244	15	45	76	106	137	168	198	229	259
1915	30	61	89	120	150	181	211	242	13	43	74	104
1916	135	166	195	226	256	27	57	88	119	149	180	210
1917	241	12	40	71	101	132	162	193	224	254	25	55
1918	86	117	145	176	206	237	7	38	69	99	130	160
1919	191	222	250	21	51	82	112	143	174	204	235	5

	Jän	Feb	Mär	Apr	Mai	Jun	Jul	Aug	Sep	Okt	Nov	Dez
1920	36	67	96	127	157	188	218	249	20	50	81	111
1921	142	173	201	232	2	33	63	94	125	155	186	216
1922	247	18	46	77	107	138	168	199	230	260	31	61
1923	92	123	151	182	212	243	13	44	75	105	136	166
1924	197	228	257	28	58	89	119	150	181	211	242	12
1925	43	74	102	133	163	194	224	255	26	56	87	117
1926	148	179	207	238	8	39	69	100	131	161	192	222
1927	253	24	52	83	113	144	174	205	236	6	37	67
1928	98	129	158	189	219	250	20	51	82	112	143	173
1929	204	235	3	34	64	95	125	156	187	217	248	18

	Jän	Feb	Mär	Apr	Mai	Jun	Jul	Aug	Sep	Okt	Nov	Dez
1930	49	80	108	139	169	200	230	1	32	62	93	123
1931	154	185	213	244	14	45	75	106	137	167	198	228
1932	259	30	59	90	120	151	181	212	243	13	44	74
1933	105	136	164	195	225	256	26	57	88	118	149	179
1934	210	241	9	40	70	101	131	162	193	223	254	24
1935	55	86	114	145	175	206	236	7	38	68	99	129
1936	160	191	220	251	21	52	82	113	144	174	205	235
1937	6	37	65	96	126	157	187	218	249	19	50	80
1938	111	142	170	201	231	2	32	63	94	124	155	185
1939	216	247	15	46	76	107	137	168	199	229	260	30

	Jän	Feb	Mär	Apr	Mai	Jun	Jul	Aug	Sep	Okt	Nov	Dez
1940	61	92	121	152	182	213	243	14	45	75	106	136
1941	167	198	226	257	27	58	88	119	150	180	211	241
1942	12	43	71	102	132	163	193	224	255	25	56	86
1943	117	148	176	207	237	8	38	69	100	130	161	191
1944	222	253	22	53	83	114	144	175	206	236	7	37
1945	68	99	127	158	188	219	249	20	51	81	112	142
1946	173	204	232	3	33	64	94	125	156	186	217	247
1947	18	49	77	108	138	169	199	230	1	31	62	92
1948	123	154	183	214	244	15	45	76	107	137	168	198
1949	229	260	28	59	89	120	150	181	212	242	13	43

	Jän	Feb	Mär	Apr	Mai	Jun	Jul	Aug	Sep	Okt	Nov	Dez
1950	74	105	133	164	194	225	255	26	57	87	118	148
1951	179	210	238	9	39	70	100	131	162	192	223	253
1952	24	55	84	115	145	176	206	237	8	38	69	99
1953	130	161	189	220	250	21	51	82	113	143	174	204
1954	235	6	34	65	95	126	156	187	218	248	19	49
1955	80	111	139	170	200	231	1	32	63	93	124	154
1956	185	216	245	16	46	77	107	138	169	199	230	260
1957	31	62	90	121	151	182	212	243	14	44	75	105
1958	136	167	195	226	256	27	57	88	119	149	180	210
1959	241	12	40	71	101	132	162	193	224	254	25	55

	Jän	Feb	Mär	Apr	Mai	Jun	Jul	Aug	Sep	Okt	Nov	Dez
1960	86	117	146	177	207	238	8	39	70	100	131	161
1961	192	223	251	22	52	83	113	144	175	205	236	6
1962	37	68	96	127	157	188	218	249	20	50	81	111
1963	142	173	201	232	2	33	63	94	125	155	186	216
1964	247	18	47	78	108	139	169	200	231	1	32	62
1965	93	124	152	183	213	244	14	45	76	106	137	167
1966	198	229	257	28	58	89	119	150	181	211	242	12
1967	43	74	102	133	163	194	224	255	26	56	87	117
1968	148	179	208	239	9	40	70	101	132	162	193	223
1969	254	25	53	84	114	145	175	206	237	7	38	68

	Jän	Feb	Mär	Apr	Mai	Jun	Jul	Aug	Sep	Okt	Nov	Dez
1970	99	130	158	189	219	250	20	51	82	112	143	173
1971	204	235	3	34	64	95	125	156	187	217	248	18
1972	49	80	109	140	170	201	231	2	33	63	94	124
1973	155	186	214	245	15	46	76	107	138	168	199	229
1974	0	31	59	90	120	151	181	212	243	13	44	74
1975	105	136	164	195	225	256	26	57	88	118	149	179
1976	210	241	10	41	71	102	132	163	194	224	255	25
1977	56	87	115	146	176	207	237	8	39	69	100	130
1978	161	192	220	251	21	52	82	113	144	174	205	235
1979	6	37	65	96	126	157	187	218	249	19	50	80

	Jän	Feb	Mär	Apr	Mai	Jun	Jul	Aug	Sep	Okt	Nov	Dez
1980	111	142	171	202	232	3	33	64	95	125	156	186
1981	217	248	16	47	77	108	138	169	200	230	1	31
1982	62	93	121	152	182	213	243	14	45	75	106	136
1983	167	198	226	257	27	58	88	119	150	180	211	241
1984	12	43	72	103	133	164	194	225	256	26	57	87
1985	118	149	177	208	238	9	39	70	101	131	162	192
1986	223	254	22	53	83	114	144	175	206	236	7	37
1987	68	99	127	158	188	219	249	20	51	81	112	142
1988	173	204	233	4	34	65	95	126	157	187	218	248
1989	19	50	78	109	139	170	200	231	2	32	63	93

	Jän	Feb	Mär	Apr	Mai	Jun	Jul	Aug	Sep	Okt	Nov	Dez
1990	124	155	183	214	244	15	45	76	107	137	168	198
1991	229	260	28	59	89	120	150	181	212	242	13	43
1992	74	105	134	165	195	226	256	27	58	88	119	149
1993	180	211	239	10	40	71	101	132	163	193	224	254
1994	25	56	84	115	145	176	206	237	8	38	69	99
1995	130	161	189	220	250	21	51	82	113	143	174	204
1996	235	6	35	66	96	127	157	188	219	249	20	50
1997	81	112	140	171	201	232	2	33	64	94	125	155
1998	186	217	245	16	46	77	107	138	169	199	230	260
1999	31	62	90	121	151	182	212	243	14	44	75	105

	Jän	Feb	Mär	Apr	Mai	Jun	Jul	Aug	Sep	Okt	Nov	Dez
2000	136	167	196	227	257	28	58	89	120	150	181	211
2001	242	13	41	72	102	133	163	194	225	255	26	56
2002	87	118	146	177	207	238	8	39	70	100	131	161
2003	192	223	251	22	52	83	113	144	175	205	236	6
2004	37	68	97	128	158	189	219	250	21	51	82	112
2005	143	174	202	233	3	34	64	95	126	156	187	217
2006	248	19	47	78	108	139	169	200	231	1	32	62
2007	93	124	152	183	213	244	14	45	76	106	137	167
2008	198	229	258	29	59	90	120	151	182	212	243	13
2009	44	75	103	134	164	195	225	256	27	57	88	118

	Jän	Feb	Mär	Apr	Mai	Jun	Jul	Aug	Sep	Okt	Nov	Dez
2010	149	180	208	239	9	40	70	101	132	162	193	223
2011	254	25	53	84	114	145	175	206	237	7	38	68
2012	99	130	159	190	220	251	21	52	83	113	144	174
2013	205	236	4	35	65	96	126	157	188	218	249	19
2014	50	81	109	140	170	201	231	2	33	63	94	124
2015	155	186	214	245	15	46	76	107	138	168	199	229
2016	0	31	60	91	121	152	182	213	244	14	45	75
2017	106	137	165	196	226	257	27	58	89	119	150	180
2018	211	242	10	41	71	102	132	163	194	224	255	25
2019	56	87	115	146	176	207	237	8	39	69	100	130

	Jän	Feb	Mär	Apr	Mai	Jun	Jul	Aug	Sep	Okt	Nov	Dez
2020	161	192	221	252	22	53	83	114	145	175	206	236
2021	7	38	66	97	127	158	188	219	250	20	51	81
2022	112	143	171	202	232	3	33	64	95	125	156	186
2023	217	248	16	47	77	108	138	169	200	230	1	31
2024	62	93	122	153	183	214	244	15	46	76	107	137
2025	168	199	227	258	28	59	89	120	151	181	212	242
2026	13	44	72	103	133	164	194	225	256	26	57	87
2027	118	149	177	208	238	9	39	70	101	131	162	192
2028	223	254	23	54	84	115	145	176	207	237	8	38
2029	69	100	128	159	189	220	250	21	52	82	113	143

Wert			Zeitsiegel
1	bis	13	1, Aluef
14	bis	26	2, Naal
27	bis	39	3, Dan
40	bis	52	4, Ulun
53	bis	65	5, Inti
66	bis	78	6, Maan
79	bis	91	7, Hol
92	bis	104	8, Luman
105	bis	117	9, Vlam
118	bis	130	10, Kler
131	bis	143	11, Sem
144	bis	156	12, Brahm
157	bis	169	13 Öchim
170	bis	182	14, Ril
183	bis	195	15, Ysir
196	bis	208	16, Charion
209	bis	221	17, Elim
222	bis	234	18, Waam
235	bis	247	19, Schamba
248	bis	260	20, Oom

INDEXVERZEICHNIS

Wir haben hier die Wirkungen der Symbole, der Codes und der Codons in Form eines Indexverzeichnisses zusammengefasst.
Von den Codes und Codons haben wir in dieser Zusammenstellung die entsprechenden Nummerierungen angegeben. Sie können so sehr leicht in diesem Buch gefunden und nachgelesen werden.

Wir wünschen allen Menschen, die mit diesen energetischen Werkzeugen arbeiten, viel Freude und wunderbare Erfolge!

Wachstum	Codon 13
Wahrnehmung	Codon 31, 18-Waam
Wandlungsfähigkeit	Code 26
Weisheit	Codon 42
Wertfreiheit	Codon 31, Code 32
Wohlbefinden	Codon 23
Wut	Code 1, 7-Hol
Zeitreise	9-Vlam, 20-Oom
Zielfindung	Codon 15, 16-Charion
Zorn	Code 1, 7-Hol
Zukunft gestalten	Codon 14, 9-Vlam, 20-Oom
zwischenmenschliche Konflikte	Code 1, Codon 10

DANKSAGUNG

Dieses Buch ist während einer mehrjährigen Reise entstanden. Die „Räume", durch die mich diese Reise geführt hat, waren nur zeitweise geografisch lokalisierbare Orte, häufig aber auch Bereiche, die ich am ehesten als „kollektive Bewusstseinsebenen" bezeichnen kann.

Auf dieser Reise haben mich Menschen mit ihrer Liebe und mit ihrem Verständnis begleitet, denen meine tiefe Dankbarkeit gilt. Ich bedanke mich vor allem bei meiner Frau Gertraud Breinbauer, die mir durch ihre intuitiven Zugänge für das grundlegende Begreifen der einzelnen Zeitsiegelsymbole, der Codes und der Codons äußerst wertvolle Impulse gegeben hat. Mein inniger Dank gilt auch Klaudia ter Haar, die mir durch ihr feines therapeutisches Verständnis sehr wesentliche Hinweise und für dieses Buch wichtige Erkenntnisse übermitteln konnte.

Mein inniger Dank gilt auch dem Geist der Katharer von Monteségur am Fuße der Pyrenäen, der Idee des „Grals" und den weißen Bergen von Kreta. All dies waren auf meiner Reise Orte, die mir tiefe Erkenntnisse geschenkt haben.

Voller Hochachtung bedanke ich mich bei der großen Wesenheit *Mutter Erde*, die für uns jene Räume erschaffen hat, durch die all unsere Lebenswege führen.
Möge dieses Buch dazu beitragen, dass wir Menschen wieder zu einer liebevollen Verbindung mit ihr finden können.

DIE MATRIX DES BEWUSSTSEINS
Wege zu Erfolg
Gesundheit und Wohlbefinden
Werner Johannes Neuner

Dieses Buch schildert die Hintergründe jener Matrix, welche die Wirklichkeit erschafft. Es werden konkrete Übungen beschrieben, über die wir kraft unseres Bewusstseins die Matrix verändern können. Dadurch erschaffen wir eine neue, lebenswerte Realität.

132 Seiten
8 Mandalas, 13 Matrixbilder
ISBN: 3-902280-30-1
Verlag: ANTASIRA

DIE YESIRAH-ZEITMATRIX
Kalender und Hintergründe
Werner Johannes Neuner

In diesem Buch werden die Muster der Zeit in Form der Yesirah-Zeitmatrix dargestellt. Es beinhaltet die Zeitqualitäten für jeden Tag des laufenden Jahres und die grundlegenden Interpretationen dieser Zeitqualitäten.

144 Seiten
Verlag: ANTASIRA

KORDULAH

Kosmische Mandalas
archetypische Bilder

Wir können Mandalas – archetypische Bilder – verwenden, um in unserem Leben konkrete Verbesserungen zu erreichen. In diesem Buch werden Methoden beschrieben und die Hintergründe der Mandalas erklärt.

248 Seiten, Hardcover
IISBN: 3-902280-06-9
Verlag: Antasira

KORDULAH

Das Mandalaset

Dieses Set beinhaltet alle zu Kordulah gehörigen Mandalas in einem schönen Farbdruck.

19 Mandalas, beschichtet
ISBN: 3-902280-08-5
Verlag: Antasira